教育部人文社科研究項目（項目編號:12YJA870031）

安徽師範大學館藏

清代徽州商業文書選編

周向華◎編

安徽師范大學出版社
·蕪湖·

圖書在版編目(CIP)數據

安徽師範大學館藏清代徽州商業文書選編 / 周向華編.—蕪湖：安徽師範大學出版社，2017.5(2018.11 重印
ISBN 978 - 7 - 5676 - 2833 - 5

Ⅰ.①安… Ⅱ.①周… Ⅲ.①商業 - 文書 - 匯編 - 徽州地區 - 清代 Ⅳ.①F729.49

中國版本圖書館CIP數據核字(2017)第090656號

安徽師範大學館藏清代徽州商業文書選編　　周向華◎編
ANHUI SHIFAN DAXUE GUANCANG QINGDAI HUIZHOU SHANGYE WENSHU XUANBIAN

責任編輯：胡志恒
裝幀設計：任　彤
出版發行：安徽師範大學出版社
　　　　　蕪湖市九華南路189號安徽師範大學花津校區
網　　址：http://www.ahnupress.com/
發 行 部：0553-3883578　5910327　5910310(傳真)
印　　刷：浙江新華數碼印務有限公司
版　　次：2017年5月第1版
　　　　　2018年11月第2次印刷
規　　格：787 mm×1092 mm　1/16
印　　張：14.75
字　　數：253千字
書　　號：ISBN 978 - 7 - 5676 - 2833 - 5
定　　價：52.00元

目　　錄

清道光二十六年賬

清宣統元年績溪縣官立東山高等小學堂分類謄清

路程圖

附　錄

清道光二十六年賬

道光貳拾伍年總

道光貳拾陸年歲次丙午年盤查

上年盤存德新典本足錢陸萬零叁百柒拾貳千肆百伍拾陸文

本年得淨利足錢伍千零貳拾肆千伍百零貳文

原本年取銷衣棧利対錢柒錢貳分捌厘玖千伍百叁拾柒两　除本年典支用対錢捌錢伍分貳厘叁千叁百肆拾捌两

又除認各利対錢零玖分陸厘陸百零陸两　两共支対錢玖錢肆分捌厘叁千玖百伍拾肆两

仍淨得利対錢貳两柒錢捌分伍千伍百捌拾　折足上數

每两汖　合捌厘叁毫貳絲貳忽伍微壹息

上年盤存協和典本足錢伍萬捌千肆百柒拾玖千零陸拾貳文

本年得淨利足錢叁千捌百伍拾柒千玖百陸拾陸文

原全年取銷衣棧利七六錢壹两叁錢玖分捌千捌百伍拾　除本年典支用七六錢玖两貳錢零叁厘叁千伍百叁拾

又除認各利七六錢玖錢壹分陸厘貳百叁拾伍两　两共支七六錢壹錢壹分玖厘叁千柒百柒拾伍两

仍淨得利七六錢貳錢柒分壹厘伍千零柒拾陸两　折足上數

每両派　合陸厘伍毫玖絲柒忽壹微捌息

上年盤存怡和典本足錢叁　萬陸　千　千　文

上年得淨利足錢叁千肆百貳拾玖千壹百貳拾捌文

原全年取銷衣利洩錢叁錢陸分柒厘　陸千肆百零陸両

又收滿號留利洩錢肆分壹厘　拾捌両貳錢

又收蘭號認典利洩錢肆錢玖分陸厘　貳百叁拾両零

除本年典支用洩錢叁錢伍分伍厘　貳千貳百陸拾玖両

兩共除支洩錢叁錢伍分伍厘　貳千肆百貳拾玖両

又收菜餅利洩錢叁分肆厘　伍両壹錢

又收市房倩金洩錢貳分柒厘　伍拾伍両伍錢

五共收利洩錢柒錢陸分伍厘　陸千柒百拾伍両

又認各利洩錢陸拾両　壹百

仍淨得利洩錢陸両肆錢壹分　肆千貳百捌拾　折足上數

每両派　合玖厘伍毫貳絲伍忽叁微伍息

上年盤存敬義典本足錢叁　萬捌千肆百千文

上年得淨利足錢叁千叁百伍拾貳千肆百拾叁文

原全年取銷衣利洩錢貳錢零捌厘　陸千陸百捌拾柒両

又收菜餅利洩錢陸分玖厘　貳拾伍両玖錢

又收滿號留利沖錢陸分貳厘 玖拾伍兩伍錢

肆共收沖錢肆錢貳分玖厘 陸千捌百貳拾肆兩

仍淨得利沖錢零伍錢壹分陸厘 肆千壹百玖拾兩

每兩派 合捌厘柒毫叁絲零貳微肆壹息

上年查存益達生息本蘭平兌銀貳萬兩

本年收得利足錢貳千伍百捌拾柒千貳百文

大共本年收得各淨利足錢壹萬捌千貳百伍拾壹千貳百零玖文

支足錢壹千壹百陸拾壹千陸百文

峻記

養記

學記

以記

每全年各付利足錢肆拾千文 貳 百

又收常市房債金沖錢陸錢玖分 拾伍兩

除本年典支用沖錢玖錢壹分叁厘 貳千陸百叁拾叁兩

析足上數

原兌陸百兩 壹千 此錢價莫上數

本年各本彙清付支利

惇記 陸拾肆千文

竺記 肆拾捌千文

圭記每年足錢叁拾貳千文

碩記 貳拾肆千文

味記 叁拾叁千陸百文

支足錢捌百捌拾伍千陸百陸拾陸文

會本

李氏 每年坐存利各足錢肆拾千文

還項 貳百

支足錢貳千貳百肆拾叁千捌百文

叁共付支各利足錢肆千貳百玖拾壹千零陸拾陸文

仍計得淨利足錢壹萬叁千玖百陸拾千零壹百肆拾叁文

原上年盤存實本足錢蘭記拾肆萬零捌百零玖千肆百零捌文

每兩派 合玖厘玖毫壹絲肆忽貳微壹息

兩共該存本利足錢蘭記拾伍萬肆千柒百陸拾玖千伍百伍拾壹文

支足錢壹萬柒千零肆拾貳千柒百陸拾柒文 本年德新支付家用

本年各本彙清坐存利

左 壹百零叁千伍百柒拾柒文

耘 柒拾玖千壹百柒拾柒文

新記利足錢柒拾柒千貳百貳拾貳文

實 柒拾叁千叁百拾貳文

遜 柒拾貳千叁百柒拾捌文

本年付附記叁拾宗利

原德新盤總結付家用足錢貳千玖百玖拾捌文 壹萬肆千貳百柒拾 內除付彙清附記各利足錢伍千肆百文 叁千肆百零

仍計淨支足錢柒千伍百玖拾捌文 壹萬零捌百陸拾 加本年坐還益達付家足錢壹百陸拾玖文 陸千壹百柒拾伍千 兩共足錢上數

支足錢貳千伍百捌拾柒千貳百文 本年存益達銀利

原蘭平兑銀陸百兩 壹千 照蘭號來賬錢價吡算共

支足錢玖千玖百捌拾壹千伍百肆拾壹文 本年怡和結付家支

叁共家用計支足錢貳萬玖千陸百拾壹千伍百零捌文

除家用付收各名下本除收存仍淨付支足錢壹百貳拾千文

原收艕憶記存本足錢壹百千文 叁拾千文 敏記存本足錢千文 伍拾 共捌拾千文 壹百

除付亦記天生存本足錢貳百千文 壹百千文 共千文 叁百 除收作抵仍支上數

除付還附本家用實支足錢貳萬玖千肆百玖拾壹千伍百零捌文

除支淨計盤存實本足錢 蘭兑 拾貳萬伍千貳百柒拾捌千零肆拾叁文

內蘭兑兩 貳萬 足錢捌千零肆拾叁文 拾萬零伍千貳百柒拾

查存德新典本足錢伍萬陸千肆百肆拾叁千玖百陸拾文

原上年盤存足錢貳千肆百伍拾陸文 陸萬零叁百柒拾

又協和拔付足錢貳拾千文 伍千叁百

除本年付家支足錢貳千玖百玖拾捌文 壹萬肆千貳百柒拾

本年得淨利足錢伍百零貳文 伍千零貳拾肆千

叁共足錢玖百伍拾捌文 柒萬零柒百拾陸千

仍淨實存上數

查存協和典本足錢伍萬柒千零拾柒千零貳拾捌文

原上年盤存足錢玖千零陸拾貳文 伍萬捌千肆百柒拾

兩共足錢柒千零貳拾捌文 陸萬貳千叁百叁拾

本年得淨利足錢玖百陸拾陸文 叁千捌百伍拾柒千

除本年拔付德新足錢貳拾千文 伍千叁百 仍淨實存上數

查存怡和典本足錢叁萬肆千肆百千文

原上年盤存足錢陸千千文 叁 萬

又敬義拔付足錢貳千肆百拾叁文 肆千玖百伍拾

除本年付家支足錢伍百肆拾壹文 玖千玖百捌拾壹千

本年得淨利足錢玖千壹百貳拾捌文 叁千肆百貳拾

叁共足錢壹千伍百肆拾壹文 肆萬肆千叁百捌拾

仍淨實存上數

查存敬義典本足錢叁萬陸千捌百千文

原上年盤存足錢肆百十文 叁萬捌千

兩共足錢貳千肆百拾叁文 肆萬壹千柒百伍拾

查存益達生息本蘭平兑銀貳萬兩

查存辦存田項足錢肆千肆百拾千文

陸共查存足錢 蘭兑 貳拾萬零玖千零柒拾千零玖百捌拾捌文

除存還存本彙清拾陸宗足錢肆萬捌千肆百玖拾伍千陸百捌拾壹文

峻記本利足錢叁千十文 伍千肆百肆拾千文

養記本利足錢叁千千文 陸千伍百貳拾千文

學記本利足錢叁千千文 貳千玖百貳拾千文

以記本利足錢叁千千文 貳千肆百千文

會本利本足錢叁千千文 壹千肆百玖拾玖千壹百柒拾伍文

李氏還項本利足錢叁千千文 叁千柒百貳拾千文

本年得淨利足錢貳千肆百拾叁文 叁千叁百伍拾

除本年拔付怡和足錢貳千肆百拾叁文 肆千玖百伍拾 仍淨實存上數

惇記捌百千文

竺記陸百千文

垚記足錢肆百千文

碩記叁百千文

遜記肆百貳拾千文

左記壹千叁百玖拾捌千貳百玖拾陸文

耘記壹千零陸拾捌千捌百玖拾貳文

新記足錢壹千零肆拾貳千肆百玖拾肆文

實記玖百捌拾玖千柒百拾伍文

遜記玖百柒拾柒千壹百零玖文

除存還附記存本叁拾叁宗足錢貳萬柒千玖百肆拾捌千文

内維記本足錢壹千捌百千文

翰記本足錢伍千千文

雲記本足錢壹百伍拾千文

仙記本足錢貳百千文

順記本足錢壹千千文

珠記本足錢貳千叁百千文

理記本足錢壹千叁百千文

錠記本足錢伍百千文

祥記本足錢柒百千文

素記本足錢壹千千文

壹千肆百千文

好記本足錢伍百千文

滿記本足錢柒百千文

慶記本足錢叁百千文

守記本足錢伍百千文

舫記本足錢肆百千文

義記本足錢壹千千文

亦記本足錢貳千叁百千文

敏記本足錢貳百伍拾千文

又記本足錢叁百伍拾千文

紹記本足錢伍百千文

建記本足錢貳百千文

愷記本足錢陸拾千文

有記本足錢壹千貳百十文　敦記本足錢千陸百文
桂記本足錢千伍百文　渭記本足錢千肆百文
鎌記本足錢千伍百文　廷記本足錢捌千壹百叁拾文
祉記本足錢壹千文　天生本足錢千壹百文
僱記本足錢千玖百文　魁本足錢千貳百文

除存還益達付家用透支足錢柒千叁百肆拾玖千貳百陸拾肆文

原本年照益達來賬結共付支足錢柒千柒百拾玖文壹千叁百玖拾除怡和付還足錢肆百叁拾柒文柒百捌拾壹千仍淨該蘭號足錢貳百捌拾貳文陸百拾陸千

照蘭號叫價算計蘭洋壹錢貳分柒厘叁百捌拾壹兩

又上年結透支洋肆錢捌分壹厘柒百伍拾柒兩

又益達本年來賬結共付蘭洋陸兩玖錢叁分捌厘玖千叁百玖拾

叁共益達付支蘭洋伍兩伍錢肆分陸厘壹萬零伍百叁拾

除本年德新協和付益達洋錢陸千元貳千元內除還益達付家洋零伍元柒千零仍多洋玖拾伍元玖百照蘭算作還洋玖錢陸分捌百零叁兩

又本年益達付存來利蘭洋壹千陸百兩

兩共付益達蘭洋叁兩玖錢陸分貳千肆百零

又查怡和敬義本年盤總作還益達洋貳百元貳千貳百元貳千共肆千肆百元照蘭㳄算作還蘭洋伍拾伍兩貳錢叁千五百除此作還

仍淨透蘭號蘭好陸兩叁錢捌分陸厘肆千伍百柒拾本內上年透肆錢捌分壹厘柒百伍拾柒兩玖錢零三伍厘叁千捌百拾捌兩照蘭號本上年價咁附算足錢肆千零玖拾柒文壹千壹百柒拾壹百陸拾玖文陸千壹百柒拾伍千兩共足錢上數

叁共除存還足錢捌萬叁千柒百玖拾貳千玖百肆拾伍文

除存還淨計盤存實本足錢蘭好拾貳萬伍千貳百柒拾捌千零肆拾叁文

內蘭平好銀貳萬兩足錢柒拾捌千零肆拾叁文拾萬零伍千貳百

道光贰拾陆年岁次丙午肆月清查各业实本总

查存本年正月盘存德新典本足钱伍万陆千肆百肆拾叁千玖百陆拾壹文

查存本年正月盘存协和典本足钱伍万柒千零柒拾千零叁百拾柒文

原正月盘存足钱伍万柒千零拾柒千零贰拾捌文

加昔年该典未销坐飞工项今收入足钱伍拾叁千贰百捌拾玖文　两共上数

查存本年正月盘存怡和典本足钱叁万肆千肆百千文

查存本年正月盘存敬义典本足钱叁万陆千捌百千文

查存益达生息兰平纹本银贰　万　两

查存置办田价本足钱肆　千　肆　百　拾　千　文

陆共查存本足钱贰拾万零玖千壹百贰拾肆千贰百柒拾捌文

加本年四月收德新典拔出棉花本足钱肆千五百捌拾玖千零五拾肆文

又　收德新典寄暂存拔出作本足钱壹千壹百柒拾五千玖百柒拾捌文

又　收协和典寄暂存拔出作本足钱贰千五百柒拾壹千壹百柒拾捌文

又　收怡和典寄暫存拔出作本足錢壹千柒百柒拾柒千捌百叁拾肆文

又　收敬義典暫存拔出作本足錢肆拾壹千叁百玖拾叁文

又　收拔存益達本蘭平紋銀五千兩作錢還益達仍餘錢價足錢叁千零捌拾五千文

陸　收足錢壹萬叁千貳百肆拾千零肆百叁拾柒文

兩共查存計足錢貳拾貳萬貳千叁百陸拾肆千柒百拾五文

查上年計得淨利足錢除付支各附本息仍得淨利足錢壹萬叁千玖百陸拾千零壹百肆拾叁文

內益達銀利蘭紋壹千陸百兩此錢價算作公用項計足錢柒千貳百文貳千五百捌拾　又各業共淨利足錢貳千玖百肆拾叁文壹萬壹千叁百柒拾

肆股均分每房各得貳百叁拾陸文貳千捌百肆拾叁千

支足錢貳千五百捌拾柒千貳百文　上年益達利付公用

支足錢捌千零捌拾伍千文　本年四月支存益達蘭紋本銀五千兩此價算足錢上數

支足錢貳千捌百肆拾叁千貳百叁拾陸文　上年大房派得利入家用支

支足錢貳千捌百肆拾叁千貳百叁拾陸文　上年二房仝

支足錢貳千捌百肆拾叁千貳百叁拾陸文　上年三房仝

支足錢貳千捌百肆拾叁千貳百叁拾陸文　上年四房仝

原上年結共付支家用足錢五百玖拾捌文貳千柒百五拾肆千　除付支仍餘足錢陸百叁拾捌文捌拾捌千收入結存本内記

支足錢壹千五百千文　本年四月公項内撥存四業坐飛項

支足錢貳百千文　本年四月公項内撥入星記存附本

支足錢捌百五拾柒千壹百柒拾壹文　上年公用透支

原上年公用支足錢柒百肆拾肆文貳千陸百零貳千　各帮項足錢叁千零肆拾陸文五千肆百玖拾

辦存付過屋價足錢玖千零叁拾捌文叁千壹百陸拾　辦存花板足錢五百肆拾叁文五百玖拾肆千

肆共足錢玖千叁百柒拾壹文壹萬壹千捌百五拾　除上年租穀售洋五拾元貳百足錢叁拾千文叁百

仍淨支足錢玖千叁百柒拾壹文壹萬壹千五百貳拾　除支益達利付公用又支蘭記五兩五千共足錢柒拾貳千貳百文壹萬零陸百仍淨透支之數

支足錢肆千肆百拾千文　本年四月開支辦公田價

支足錢肆千五百捌拾玖千零五拾肆文　又　開支辦存棉花本

支足錢肆百拾千零柒百陸拾肆文　上年大房家用透支文

原上年共支家用足錢五拾肆千文 叁千貳百　除上派分得利仍淨透支上數

支足錢叁百柒拾貳千五百零叁文　上年二房家用透支

原上年共支家用足錢柒百叁拾玖文 叁千貳百拾五千　除上派分得利仍淨透支上數

支足錢五千捌百玖拾肆千五百陸拾肆文　上年三房家用透支

原上年共支家用足錢柒千捌百文 捌千柒百叁拾　除上派分得利仍淨透支上數

拾肆共支足錢肆萬零貳百柒拾玖千貳百文

内除開支上年公用大房 二 三 各透支家用 今存各存本 支還共足錢柒千五百叁拾五千零零貳文

内公項足錢壹百柒拾壹文 捌百五拾柒千　二房足錢五百零叁文 叁百柒拾貳千

大房足錢柒百陸拾肆文 肆百拾千零　三房足錢五百陸拾肆文 五千捌百玖拾肆千　四共足錢上數

又除上撥出四業坐飛 星記存本 兩項足錢壹千柒百千文

内坐飛項足錢五百千文 壹千　星記存本足錢千文 貳百 兩共上數

除收開支各透支並撥出另存仍淨支足錢叁萬壹千零肆拾肆千壹百玖拾捌文

除支仍淨查存本足錢貳拾萬零五千貳百捌拾千零陸百陸拾壹文

查存德新典本足錢五萬柒千陸百拾玖千玖百叁拾玖文

查存協和典本足錢五萬玖千陸百肆拾壹千肆百玖拾五文

查存怡和典本足錢叁萬陸千壹百柒拾柒千捌百叁拾肆文

查存敬義典本足錢叁萬陸千捌百肆拾壹千叁百玖拾叁文

查存益達生息本蘭平紋銀壹萬五千兩

五共查存足錢貳拾萬零五千貳百捌拾千零陸百陸拾壹文

除存還公項足錢蘭紋壹萬玖千陸百捌拾柒千壹百肆拾五文

又李氏還項入來足錢貳拾千文陸千柒百

原會本入來足錢玖千壹百柒拾捌文五肆千肆百玖拾

叁共蘭紋足錢共玖千壹百柒拾伍文貳萬陸千貳百拾

又存益達生息照原作足錢筭蘭紋五千兩壹萬

除支還本年公項透支幾錢壹百柒拾壹文捌百五拾柒千

又除撥還三房墊還許厝地價足錢千文叁千

又撥出入大總湊貳萬壹拾數四房均分足錢肆千捌百五拾玖文 貳千陸百柒拾 叁共除透支撥出足錢貳千零叁拾文 陸千五百叁拾 仍淨存還上數

除存還大房存本彙清入来足錢玖千肆百貳拾陸千叁百肆拾肆文

原峻記入来本利足錢肆拾千文 捌千肆百

叁共足錢柒千壹百零玖文 玖千捌百叁拾

遜味記入来足錢壹百零玖文 玖百柒拾柒千 貳拾千文 肆百

除本年家用透支足錢柒百陸拾五文 肆百拾千零 仍淨上數

除存還二房存本彙清入来足錢壹萬零五百捌拾玖千玖百玖拾文

原養記入来本利足錢貳拾千文 玖千五百

叁共足錢貳千肆百玖拾肆文 壹萬零玖百陸拾

新垚記入来足錢肆百玖拾肆文 壹千零肆拾貳千 斷千 百文

除本年家用透支足錢五百零肆文 叁百柒拾貳千 仍淨上數

除存還三房存本彙清入来足錢陸千捌百玖拾貳千陸百貳拾叁文

原學記入来本利足錢貳拾千文 五千玖百

耘竺記入来足錢捌百玖拾貳文 壹千零陸拾捌千 斷千 百文

除共足錢柒千壹百捌拾捌文 壹萬貳千柒百捌拾

左惇記入来足錢貳百玖拾陸文 壹千叁百玖拾捌千 捌千 百文

又公項撥来還執買許厝地足錢千文 叁千

除本年家用透支足錢五百陸拾五文 五千捌百玖拾肆千 仍淨上數

除存還四房存本彙清入来足錢陸千柒百柒拾捌千叁百五拾叁文

原以記入来本利足錢肆百千文 五千

又本年派分利仍除家用文 餘足錢陸百叁拾捌文 捌拾捌千

除存還附記存本入来足錢壹萬五千玖百零陸千貳百零叁文

維記本足錢捌百千文 壹千

翰記本足錢千文 五千

雲記本足錢五拾千文 壹百

仙記本足錢千文 貳百

紹記本足錢陸千貳百叁拾文 壹千貳百捌拾

魯記本足錢玖百柒拾叁文 壹百貳拾柒千

明記本足錢貳千文 柒拾

敬記本足錢貳拾千文 叁百

除存還大房附記存本入来足錢陸千五百千文

實

碩記入来足錢玖百捌拾玖千文 柒百拾五 叁百

肆共足錢上數

義記本足錢千文 壹千

亦記本足錢叁百千文 貳千

敦記本足錢千文 陸百

渭記本足錢千文 肆百

紹記本足錢千文 五百

天生本足錢千文 壹百

建記本足錢千文 貳百

貫記本足錢千文 貳百

又記本足錢五拾千文 叁百

廷記本足錢叁拾捌千文 壹百

舫記本足錢千文 肆百

敏記本足錢五拾千文 貳百

愷記本足錢千文 陸拾

魁仂本足錢千文 貳百

宏記本足錢伍拾貳千文 貳百

貳拾叁共上數

順記本足錢千文壹千　　錠記本足錢千文五百　　桂記本足錢千文五百

珠記本足錢叁百千文貳千　　鍊記本足錢千文五百　　守記本足錢千文五百

滿記本足錢千文柒百　　慶記本足錢千文叁百　　星記本足錢千文貳百　几共上數

除存還三房附記存本入来足錢柒千壹百千文

理記本足錢叁百千文壹千　　素記本足錢肆百千文貳千　　有記本足錢貳百千文壹千

祥記本足錢千文柒百　　好記本足錢千文五百　　祉記本足錢千文壹千　六共上數

除存還四房附記存本入来催記本足錢玖百千文

除存還撥出四業坐飛項足錢壹千五百千文

內德新飛銷各友暫足錢五百捌拾柒文肆百柒拾肆千　　原神錢叁錢壹分玖厘五百貳拾柒兩

協和飛銷各友暫足錢五百拾叁文五百肆拾壹千　　原六錢五錢壹分柒厘柒百拾貳兩

怡和飛銷各友暫足錢玖百陸拾貳文壹百陸拾玖千　　原神錢肆錢五分叁厘貳百拾貳兩

敬義飛銷各友暫足錢零肆拾肆文貳百貳拾肆千　　原神錢零零五分五厘貳百捌拾兩

肆共計撥歸四業飛銷足錢零壹百零陸文壹千肆百拾千　仍餘多足錢捌百玖拾肆文捌拾玖千　當入

公項各房騎縫印簿上收照此細載今将此坐飛四業各友暫項註銷訖

拾共除存還各入項足錢捌萬五千貳百捌拾千零陸百陸拾壹文

除存還各入仍淨實足錢拾　貳　萬　千　文

道光二十六年歲次丙午正月盤查　道光貳拾五年德新典總

一存衣本神錢五萬乚千零四十九两六錢九分
一存棧本神錢七千三百四十乚两乚錢伍分
一存官當本淅錢弍百零七两九錢弍分六厘
一存錢盤現神錢九千乚百三十七两三錢三分六厘
一存恒足辦物神錢四百九十八两零三分五厘
一存暫把各宗神錢四百八十八两三錢九分八厘
一存興利杜花神錢五千零九十八两九錢四分九厘
一存邑尊揭借神錢七百捌拾貳两三錢六分五厘
一存虞氏押租神錢乚千五百五十五两五錢五分五厘
一存堆存在現神錢弍百两零零八錢九分

十廿共查存神錢七萬六千三百六十两零弍錢九分四厘

除存還寄存彙登二十一宗神錢乚萬三千三百三十五两七錢零弍厘

原墻工存項 [illegible]
祀典存項 伍十弍两〇乚厘
調劑存項 三分七厘 三千七两半
紹記存項 [illegible] 乚千四百弍十九两
曾記存項 [illegible] 乚百十六两
米行洋餘項 [illegible] 弍十九两
典暫存項 三分九厘 七十两〇〇
青典存錢 [illegible] 三千六百七十

同善會存項 弍百捌十两
存仁堂帶柩存項 弍百两
准金會存項 [illegible] 六百弍十九两
宏記存項 弍百八十两
附祀存項 [illegible] 弍十两零
各存下欵項 [illegible] 弍百九十四两
市房租項 〇五分七厘 五百五十九两

書院存項 [illegible] 乚百四十八两
存仁堂存項 弍百五十两
市房頂首項 乚分四厘 五十九两九錢
明記存項 八十两
青典洋餘項 [illegible] 乚千〇弍两
典房存項 [illegible] 三千零五十二两
陳留利存項 [illegible] 五百八十五两

除存還暫登彙清神錢三百零九两零八分

兩共除存還浙錢乚萬三千六百四十四兩七錢捌分弍厘
除存還仍淨盤存典本浙錢六萬弍千七百十五兩五錢乚分弍厘
原上年盤存典本浙錢六萬七千零捌拾兩零五錢零八厘
本年得淨利浙錢五千五百八十弍兩七錢八分
原取本利浙錢七千七百八十八兩乚錢九分八厘
取𥿄利浙錢七百十五兩四錢五分八厘
銷衣利浙錢乚千零十四兩四錢乚分六厘
銷𥿄利浙錢十九兩四錢三分
四共收剩浙錢九千五百三十七兩七錢弍分八厘
除本年典支用神錢三千三百四十八兩八錢五分弍厘
又認各利神錢六百〇六兩〇九分六厘
兩共支神錢三千九百五十四兩九錢四分八厘仍得淨利數
每兩派　合八厘三毫弍絲弍忽五微乚漠息
兩共計本利神錢七萬弍千六百六十三兩弍錢八分八厘
加上年協和拔付神錢五千九百十乚兩乚錢乚分乚厘
支神錢乚萬五千八百零六兩八錢八分七厘　上年結付家用
除支仍淨實存典本神錢六萬弍千七百十五兩五錢乚分弍厘

道光二十六年歲次丙午四月盤查協和典實本總

一存衣本七六錢五萬零八百九十五兩三錢乙分

一存內棧本七六錢六千弍百十四兩八錢九分

一存外棧本七六錢七千五百六十五兩六錢七分

一存屋價生財七六錢八千八百七十兩零三錢九分五厘

一存錢盤現七六錢乙千九百弍十四兩七錢三分九厘

一存恒足辦物七六錢三百七十弍兩七錢零七厘

一存暫記各宗七六錢乙千零弍十六兩乙錢五分三厘

共各暫記[illegible]原暫[illegible]除后開支五宗[illegible]仍淨暫上數

內典暫項共三百五十六兩零七分弍厘

燈油[illegible]存箔紙[illegible]接嬰堂[illegible]過年恒足[illegible]內棧簡包七兩木作頭九兩

典友暫項共七百十弍兩五錢乙分七厘

殿記[illegible] 禹記[illegible] 含記[illegible] 寶記[illegible] 永記五兩 發慶[illegible] 東順[illegible]

東記[illegible] 陟記[illegible] 載記[illegible] 泰記[illegible] 世祥五兩 新益[illegible]

仍各存暫記[illegible] 除存作抵仍暫上數

一存朱邑尊官當七六錢三百十乙兩

一存結存平典七六錢四千三百四十三兩三錢六分三厘

九共查存七六錢八萬乙千五百弍十四兩弍錢弍分七厘

除存還寄存彙登十宗七六錢弍千零弍十六兩乙錢零五厘

原盤總結存十六宗[illegible]內除撥出六宗[illegible]仍淨上數

內江灣衛存項[illegible]攤捐存項[illegible] 求忠書院存項[illegible]。接嬰堂存項[illegible]

六合堂存項[illegible]抵補存項[illegible]實蘇局存項[illegible]市房項[illegible]

内缺懸餘項[illegible] 暫存下落項[illegible] 十共上款

除存還留利彙清七六錢八百七十六両九錢捌分

除存還收利暫登七六錢乙百四十五両四錢九分

三共除存還七六錢三千零四十八両五錢七分五厘

除存還仍淨實存典本七六錢七萬八千四百七十五両六錢五分弍厘

原本年正月盤上年實存典本七六錢七萬五千零九十弍両五錢弍分三厘

加本年四月歸存撥入本七六錢三千三百八十三両乙錢弍分九厘

原寄存撥出六宗七六錢三千四百九十四両五錢九分四厘

内陳信留利項[乙千三百〇弍両…分八厘] 市房租存項[弍百四十四両…分六厘] 典存洋餘項[九百九十…両〇三分五厘]

小使用餘項[三十乙両…三分] 色皮項[五百〇六両…七分] 信邑另送項[四百十九両〇九分五厘]

又存暫撥出両宗七六錢弍拾五両七錢八分六厘

内邑尊官當利洋餘項[弍十両〇…五分七厘] 發慶還暫項[五両…弍分九厘]

両共歸存撥來七六錢三千五百弍十両零三錢八分

除開支暫五宗七六錢乙百三十七両弍錢五分乙厘

内議叙項[乙百…弍両…三分弍厘] 硃戕手巾[六両…九分] 邦記[弍十…両…九分三厘] 星記[乙両…] 大有[乙…九…厘]

両共實存典本七六錢七萬八千四百七十五両六錢五分弍厘

清道光二十六年賬

道光二十六年歲次丙午四月盤查怡和典實本總

一存本本沖錢式萬四千三百六十三兩乙錢七分六厘

一存興利本沖錢五千三百九十八兩乙錢式分四厘

原菜餅[illegible]本[illegible]　早穀[illegible]石　本[illegible]

占穀[illegible]本[illegible]　小荳[illegible]石　本[illegible]

一存錢盤現沖錢八千六百十式兩式錢

一存暫記各宗沖錢式百三十七兩八錢八分三厘

共各暫記[illegible]原各暫記[illegible]除后開支三宗[illegible]仍淨上數

各友暫項式百十式兩四錢五分三厘

內冠記[illegible]　廷記[illegible]　顯記[illegible]　鶴記[illegible]　永記[illegible]

殿記[illegible]　雲記[illegible]　紹記[illegible]　允記[illegible]

外存木植[illegible]　陳酒共[illegible]　羅棧雜用[illegible]

仍各存暫記[illegible]原各存暫[illegible]除后撥出洋餘一宗[illegible]仍淨上數

一存蘭號沖錢五　千　兩

一存座賈生財沖錢五　千　六　百　兩

一存恒足辦物沖錢七十兩零零乙分九厘

七共查存沖錢四萬九千式百八十乙兩四錢零式厘

除存還寄存彙登沖錢乙百十乙兩四錢式分八厘　包餘存項

原盤總結存七宗沖錢[illegible]式千四百〇式兩　內除撥出六宗沖錢[illegible]式千式百九十兩

原除撥出四宗沖錢[illegible]內洋餘項[illegible]小使用餘項[illegible]敬典信賞項[illegible]敬典木植存項四十兩

又除撥出附本三宗沖錢六百[illegible]　內敬記[illegible]　賞記[illegible]

除存還留利彙清沖錢三百三十乙兩四錢三分乙厘

除存還德新孩付家用坐還
益道洋等弍百元沖錢三千六百十六兩弍錢五分

三共除存還沖錢四千零五十九兩乚錢零九厘

除存還仍淨實存典本沖錢四萬五千弍百弍十弍兩弍錢九分三厘

原本年正月盤上年實存典本沖錢四萬三千兩

加本年四月暫寄存撥入來沖錢弍千弍百弍十弍兩弍錢九分三厘

原寄存撥來六宗沖錢弍千弍百九十兩零九錢乚分九厘前頁列細

又暫存撥來洋條沖錢七十七兩八錢四分三厘

兩共撥出沖錢弍千三百六十八兩七錢六分弍厘

除開支三宗沖錢乚百四十六兩四錢六分九厘

內東宅往來共五十七兩七分 並加物項共六十四兩 春記弍十三兩□分乚厘 致記十六兩六錢八厘

兩共實存典本沖錢四萬五千弍百弍十弍兩弍錢九分三厘

道光二十六年岁次丙午四月盘查敬义典实本总

一存衣本钞钱弍万三千六百五十弍两三钱八分七厘

一存兴利本钞钱五千六百弍十三两四钱五分五厘

原菜饼弍千五百全 本三分〇三厘 四千〇弍十四两　早谷八百九十九斤 九万三千 本七十五分七厘 七千〇十两〇

占谷九百八十斤 五千 本五分九厘 九十两〇八厘　小荳弍百八十四斤 弍万五千 本[illegible] 四百九十七两

一存钱盘现钞钱乙万零八百零弍两零八分

一存生财傢伙钞钱乙千三百两

一存屋价装摺钞钱五千乙百零七两五钱

一存汪姓当屋价钞钱乙千八百十弍两五钱

一存汪姓押租钞钱弍百四十九两

一存屋东商滙钞钱乙千三百五十两零八钱弍分五厘

一存屋东商借钞钱六十弍两弍钱五分

一存恒立办物钞钱乙百零五两三钱三分七厘

一存暂记各宗钞钱弍百八十七两六钱乙分九厘

共各暂记[illegible] 原各暂记[illegible] 除后开支乙宗[illegible] 仍净暂上数

内付校杂用 逐月恒立 共[illegible] 尚存木植零物[illegible] 典内往来[illegible]十八两 集记[illegible]

又各友暂项弍百八十两零零五分五厘

秉记[illegible] 以记[illegible] 锡记[illegible] 星记[illegible] 渓记[illegible] 上记[illegible] 上富[illegible]

礼记[illegible] 德记[illegible] 根记[illegible] 绍记[illegible] 贡记[illegible] 李福[illegible]

仍各存暂记[illegible] 原各存暂[illegible] 除拨出后二宗[illegible] 除存作抵仍暂上数

十一共查存钞钱五万零三百五十弍两九钱五分三厘

除存还当利汇清钞钱六百八十四两九钱六分弍厘

除存還（德新栈付亦田生還 益達洋弍千弍百元）沖錢三千六百十六兩弍錢五分

兩共除存還沖錢四千三百零乚兩弍錢乚分弍厘

除存還仍淨實存典本沖錢四萬六千零五十乚兩七錢四分乚厘

原本年正月盤存實本沖錢四萬六千兩正

加本年四月暫存西宗撥入本沖錢五十乚兩七錢四分乚厘

原房東沖錢（[illegible]）六十四兩 退息洋餘項沖錢（[illegible]）十三兩 除開文成記暫沖錢（[illegible]）六十六兩 仍淨正数

兩共實存典本沖錢四萬六千零五十乚兩七錢四分乚厘

道光二十六年歲在丙午四月　吉立

慶南公公項

本年四月吉辰照（存西湖源紅業單據）結入來共存本蘭平紋銀壹萬五千兩（足錢四十六百八十七千乚百四十五文）

又收仝四業生息項除（飛銷各典支暫）仍餘足錢捌拾九千八百九拾四文

兩共　蘭平紋銀壹萬五千兩

足錢四千七百七十七千零三十九文

又仝入來各友親附記生息本足錢乚萬四千七百三十四千弍百三十文

各名下存本數目另立公簿註細

大共計本存　蘭平紋銀壹萬五千兩

足錢乚萬九千五百十乚千弍百六十九文

內存

大房協和典　公項　足錢　四千七百千文

附本　足錢　三千五百千文

四房德新典附本足錢乚萬乚千弍百千文

益達號蘭平九五銀乚萬五千兩

除付各業生息本仍淨家存公項足錢乚百十乚千弍百六十九文

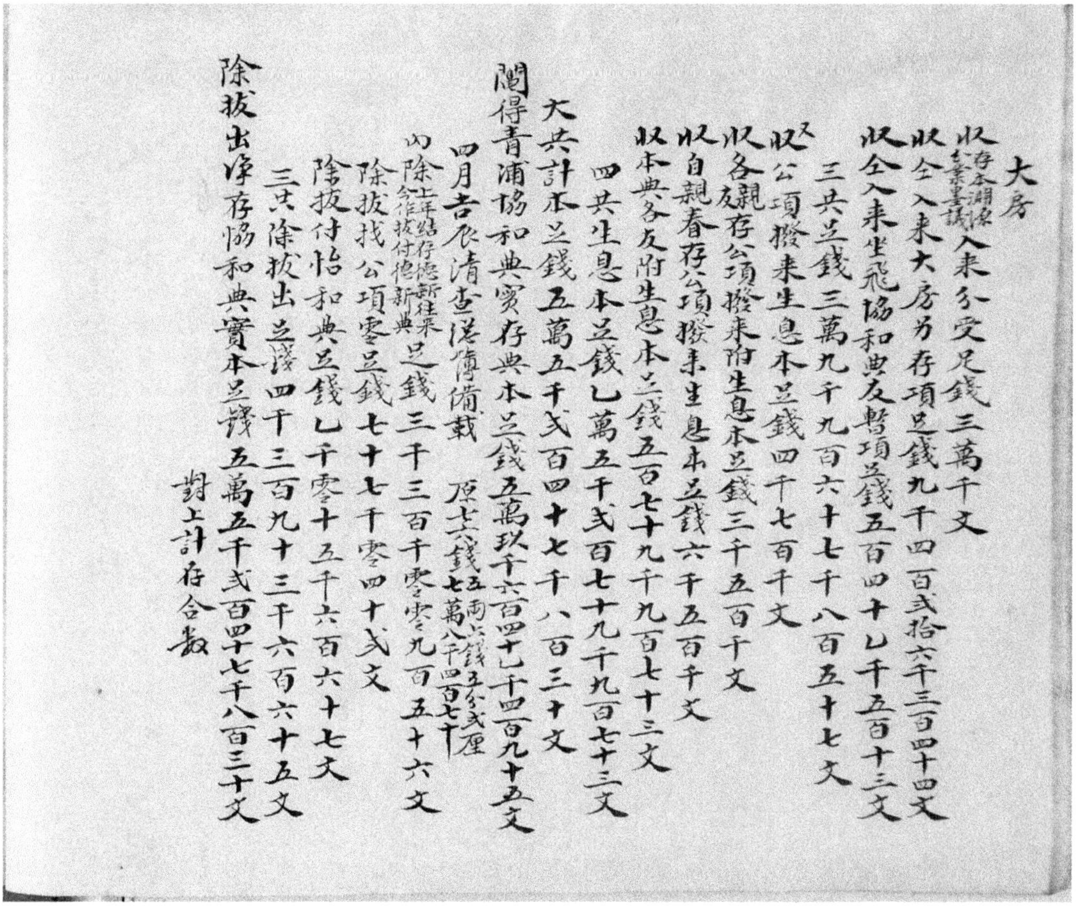
大房
收存本湖淥分業書議入来分受足錢三萬千文
收仝入来大房另存項足錢九千四百弍拾六千三百四十四文
收仝入来坐飛協和典友暫項足錢五百四十乚千五百十三文
三共足錢三萬九千九百六十七千八百五十七文
又收公項撥来生息本足錢四千七百千文
收各親友存公項撥来附生息本足錢三千五百千文
收自親春存公項撥来生息本足錢六千五百千文
收本典各友附生息本足錢五百七十九千九百七十三文
四共生息本足錢乚萬五千弍百七十九千九百七十三文
大共計本足錢五萬五千弍百四十七千八百三十文
闔得青浦協和典實存典本足錢五萬玖千六百四十乚千四百九十五文
四月吉辰清查謄簿備載　原七六錢五兩六錢五分弍厘　七萬八千四百七十
內除上年結存德新往来分作找付德新典足錢三千三百千零零九百五十六文
除拔找公項零足錢七十七千零四十弍文
除拔付怡和典足錢乚千零十五千六百六十七文
三共除拔出足錢四千三百九十三千六百六十五文
除拔出淨存協和典實本足錢五萬五千弍百四十七千八百三十文
對上計存合數

二房

收存本湖源分業基議入来分受足錢三萬千文

收仝入来二房另存項足錢七萬零五百八十九千九百九十文

收仝入来坐飛敬義典合友暫項足錢弍百弍拾四千零四十四文

三共足錢四萬零八百拾四千零三十四文

收又本典友附生息本足錢三百弍十千文

大共計本足錢四萬七千七百三十四千零三十四文

閹得湯溪敬義典實存典本足錢三萬六千八百四十七千三百九十三文

四月吉辰清查總賬備載　原神錢七兩七錢四分七厘　四萬六千零五十

加收德新典拔来足錢四千弍百九十弍千六百四十七文

兩共實存敬義典本足錢四萬七千七百三十四千零三十四文

對上计足錢合數

三房

收分存本業墨議湖源入来分受足錢三萬千文

收仝入来三房另存項足錢六千八百九十弍千六百弍十三文

收仝入来生飛怡和典友暫頂足錢乙百六十九千九百六十弍文

三共足錢三萬七千零六十弍千五百八十五文

又收仝入来親春附生息本足錢七千乙百千文

收本典友附生息本足錢弍百千文

二共生息本足錢七千三百千文

大共計存本足錢四萬四千三百六十弍千五百八十五文

閣得湯溪怡和典實存典本足錢三萬六千乙百七十七千八百三十四文

四月吉辰清查總賬備載　原𤆬錢弍兩弍錢九分三厘 四萬五千弍百弍十

加收協和典拔来足錢乙千零十五千六百六十七文

加收德新典拔来足錢六十九千零八十四文

三共計足錢三萬七千弍百六十弍千五百八十五文

加存德新典生息本足錢七千乙百千文

共計實存怡和典本足錢四萬四千三百六十弍千五百八十五文

對上計存合數

口房

收存本湖涼業墨議入来分受足錢三萬千文

收全入来四房另存項足錢六千七百七十八千三百五十三文

收全入来坐飛德新典反暫項足錢四百七十四千五百八十七文

三共足錢三萬七千弍百五十弍千九百四十文

收又公項撥来各友親附生息本足錢乙萬乙千弍百千文

收親眷附生息本足錢九百千文

收三房附生息本足錢七千乙百千文

收本典友附生息本足錢七十弍千文

四共生息本足錢乙萬九千弍百七十弍千文

大共計存本足錢五萬六千五百弍十四千九百四十文

閣得平湖德新典實存典本足錢五萬七千六百十九千九百三十九文

四月吉辰清查總賬註細　原神錢弍兩乙錢五分四厘 六萬四千零弍十

加收協和典拔来足錢三千三百千零零九百五十六文

兩共計足錢六萬零九百弍十千零八百九十五文

內除拔付敬義典足錢四千弍百九十弍千六百四十乙文

除拔付怡和典足錢六十九千零八十四文

除拔找家公項足錢三十四千弍百三十文

三共除拔出足錢四千三百九十五千九百五十五文

除拔出淨存德新典實本足錢五萬六千五百弍十四千九百四十文

對上計存合數

道光二十六〔貳拾陸〕年歲次丙午盤查　道光二十五〔貳拾伍〕年總

上年盤存德新典本足錢[①]陸萬零叁百柒拾貳千肆百伍拾陸文。

本年得淨利足錢伍千零貳拾肆千伍百零貳文。

　原本年取銷衣棧利〩十[②]錢玖千伍百叁拾柒兩柒錢貳分捌厘。

　除本年典支用〩十錢叁千叁百肆拾捌兩捌錢伍分貳厘，

　又除認各利〩十錢陸百零陸兩零玖分陸厘，

　　兩共支〩十錢叁千玖百伍拾肆兩玖錢肆分捌厘。

　仍淨得利〩十錢伍千伍百捌拾貳兩柒錢捌分。

　折足上數，

　　每兩派　合捌厘叁毫貳絲貳忽伍微壹息。

上年盤存協合典本足錢伍萬捌千肆百柒拾玖千零陸拾貳文。

本年得淨利足錢叁千捌百伍拾柒千玖百陸拾陸文。

　原全年取銷衣棧利七六錢捌千捌百伍拾壹兩叁錢玖分。

　除本年典支用七六錢叁千伍百叁拾玖兩貳錢零叁厘，

　又除認各利七六錢貳百叁拾伍兩玖錢壹分陸厘，

　　兩共支七六錢叁千柒百柒拾伍兩壹錢壹分玖厘。

　仍淨得利七六錢伍千零柒拾陸兩貳錢柒分壹厘。

---

①足錢：足陌钱，陌通百，指一陌钱满百文者。

②〩十：柴碼，對應阿拉伯數字90。柴碼是我國古代勞動人民用來記數的一種傳統符號。徽商爲保守商業秘密等需要，用於記賬等商業活動中。根據"以徽讀徽"、真實再現的原則，本書在不影響文意的情况下，仍將柴碼原貌呈現，僅將确实無法再現的改爲相對應的數字。柴碼對應數字見書末附錄。同樣，對文書中的俗字也真實再現，僅對可能產生歧義的文字進行更改，并在[ ]内將原字標出。

折足上數，

每兩派　合陸厘伍毫玖絲柒忽壹微捌息。

上年盤存怡和典本足錢叁萬陸千千文。

上年得淨利足錢叁千肆百貳拾玖千壹百貳拾捌文。

原全年取銷衣利⿰三申錢陸千肆百零陸兩叁錢陸分柒厘，

又收菜餅利⿰三申錢伍兩壹錢叁分肆厘，

又收滿號留利⿰三申錢拾捌兩貳錢肆分壹厘，

又收市房賃金⿰三申錢伍拾伍兩伍錢貳分柒厘，

又收蘭號認典利⿰三申錢貳百叁拾兩零肆錢玖分陸厘，

五共收利⿰三申錢陸千柒百拾伍兩柒錢陸分伍厘。

除本年典支用⿰三申錢貳千貳百陸拾玖兩叁錢伍分伍厘，

又認各利⿰三申錢壹百陸拾兩，

兩共除支⿰三申錢貳千肆百貳拾玖兩叁錢伍分伍厘。

仍淨得利⿰三申錢肆千貳百捌拾陸兩肆錢壹分。

折足上數，

每兩派 合玖厘伍毫貳絲伍忽叁微伍息。

上年盤存敬義典本足錢叁萬捌千肆百千文。

上年得淨利足錢叁千叁百伍拾貳千肆百拾叁文。

原全年取銷衣利⿰三申錢陸千陸百捌拾柒兩貳錢零捌厘，

又收菜餅利⿰三申錢貳拾伍兩玖錢陸分玖厘，

又收滿號留利⿰三申錢玖拾伍兩伍錢陸分貳厘，

又收市房賃金⿰三申錢拾伍兩陸錢玖分，

肆共收⿰三申錢陸千捌百貳拾肆兩肆錢貳分玖厘。

除本年典支用⿰三申錢貳千陸百叁拾叁兩玖錢壹分叁厘。

仍淨得利⿰三申錢肆千壹百玖拾兩零伍錢壹分陸厘。

折足上數，

每兩派 合捌厘柒毫叁絲零貳微肆壹息。

上年查存益達自息本蘭平㚢 銀貳萬兩。

本年收得利足錢貳千伍百捌拾柒千貳百文。

原㚢壹千陸百兩𠙶錢價算上數。

大共本年收得各淨利足錢壹萬捌千貳百伍拾壹千貳百零玖文。

支足錢壹千壹百陸拾壹千陸百文。

本年度各本彙清付支利：

峻記、養記、學記、以記，每全年各付利足錢貳百肆拾千文；

惇記，陸拾肆千文；

竺記，肆拾捌千文；

垚記每年足錢叁拾貳千文，

碩記，貳拾肆千文；

味記，叁拾叁千陸百文。

支足錢捌百捌拾伍千陸百陸拾陸文。

本年各本彙清坐存利：

會本、李氏還項，

每年坐存利各足錢貳百肆拾千文；

左，壹百零叁千伍百柒拾柒文；

耘，柒拾玖千壹百柒拾柒文；

新記利足錢柒拾柒千貳百貳拾貳文；

實，柒拾叁千叁百拾貳文；

遜，柒拾貳千叁百柒拾捌文。

支足錢貳千貳百肆拾叁千捌百文。

本年付附記叁拾宗利。

叁共付支各利足錢肆千貳百玖拾壹千零陸拾陸文。

仍計得淨利足錢壹萬叁千玖百陸拾千零壹百肆拾叁文。

原上年盤存實本蘭㚢 足錢拾肆萬零捌百零玖千肆百零捌文。

每兩派 合玖厘玖毫壹絲肆忽貳微壹息。

兩共該存本利蘭斈 足錢拾伍萬肆千柒百陸拾玖千伍百伍拾壹文。

本足錢壹萬柒千零肆拾貳千柒百陸拾柒文。本年德新支付家用。

原德新盤總結付家用足錢壹萬肆千貳百柒拾貳千玖百玖拾捌文,

內除付附記彙清各利足錢叁千肆百零伍千肆百文,

仍計淨支足錢壹萬零捌百陸拾柒千伍百玖拾捌文,

加本年坐還益達付家足錢陸千壹百柒拾伍千壹百陸拾玖文,

兩共足錢上數。

支足錢貳千伍百捌拾柒千貳百文,本年存益達銀利。

原蘭平斈 銀壹千陸百兩,照蘭號來賬錢價卌算[illegible]。

支足錢玖千玖百捌拾壹千伍百肆拾壹文,本年怡和結付家支。

叁共家用計支足錢貳萬玖千陸百拾壹千伍百零捌文。

除家用付收各名下本除收存仍淨付支足錢壹百貳拾千文。

原收舫記存本足錢壹百千文,

原收愷記存本足錢叁拾千文,

敏記存本足錢伍拾千文,共壹百捌拾千文。

除付亦記存本足錢貳百千文,

天生存本足錢壹百千文,共叁百千文。

除收作抵仍支上數。

除付還附本家用實支足錢貳萬玖千肆百玖拾壹千伍百零捌文。

除支淨計盤存實本蘭斈足錢 拾貳萬伍千貳百柒拾捌千零肆拾叁文。

內蘭斈 貳萬兩 足錢拾萬零伍千貳百柒拾捌千零肆拾叁文 。

查存德新典本足錢伍萬陸千肆百肆拾叁千玖百陸拾文。

原上年盤存足錢陸萬零叁百柒拾貳千肆百伍拾陸文,

本年得淨利足錢伍千零貳拾肆千伍百零貳文,

又協和拨[拔]付足錢伍千叁百貳拾千文,

叁共足錢柒萬零柒百拾陸千玖百伍拾捌文。

除本年付家支足錢壹萬肆千貳百柒拾貳千玖百玖拾捌文,

仍淨實存上數。
查存協和典本足錢伍萬柒千零拾柒千零貳拾捌文。
原上年盤存足錢伍萬捌千肆百柒拾玖千零陸拾貳文，
本年得淨利足錢叁千捌百伍拾柒千玖百陸拾陸文，
兩共足錢陸萬貳千叁百叁拾柒千零貳拾捌文。
除本年拨[拔]付德新足錢伍千叁百貳拾千文，仍淨實存上數。
查存怡和典本足錢叁萬肆千肆百千文。
原上年盤存足錢叁萬陸千千文，
本年得淨利足錢叁千肆百貳拾玖千壹百貳拾捌文，
又敬義拨付足錢肆千玖百伍拾貳千肆百拾叁文，
叁共足錢肆萬肆千叁百捌拾壹千伍百肆拾壹文。
除本年付家支足錢玖千玖百捌拾壹千伍百肆拾壹文，
仍淨實存上數。
查存敬義典本足錢叁萬陸千捌百千文。
原上年盤存足錢叁萬捌千肆百千文，
本年得淨利足錢叁千叁百伍拾貳千肆百拾叁文，
兩共足錢肆萬壹千柒百伍拾貳千肆百拾叁文。
除本年拨[拔]付怡和足錢肆千玖百伍拾貳千肆百拾叁文，
仍淨實存上數。
查存益達生息本蘭平𡛔銀 貳萬兩。
查存辦存田項足錢肆千肆百拾千文。
陸共查存蘭𡛔 足錢貳拾萬零玖千零柒拾千零玖百捌拾捌文。
除存還存本彙清拾陸宗，足錢肆萬捌千肆百玖拾伍千陸百捌拾壹文
峻記本足錢叁千千文，
峻記利足錢伍千肆百肆拾千文；
養記本足錢叁千千文，
養記利足錢陸千伍百貳拾千文；
學記本足錢叁千千文，

學記利足錢貳千玖百貳拾千文；

以記本足錢叁千千文，

以記利足錢貳千肆百千文；

會本本足錢叁千千文，

會本利足錢壹千肆百玖拾玖千壹百柒拾伍文；

李氏還項本足錢叁千千文，

李氏還項利足錢叁千柒百貳拾千文；

惇記，捌百千文；

竺記，陸百千文；

垚記，足錢 肆百千文；

碩記，叁百千文；

遜記，肆百貳拾千文；

左記，壹千叁百玖拾捌千貳百玖拾陸文；

耘記，壹千零陸拾捌千捌百玖拾貳文；

新記足錢，壹千零肆拾貳千肆百玖拾肆文；

實記，玖百捌拾玖千柒百拾伍文；

遜記，玖百柒拾柒千壹百零玖文。

除存還附記存本叁拾叁宗，足錢貳萬柒千玖百肆拾捌千文。

內：

維記本足錢壹千捌百千文，

滿記本足錢柒百千文，

翰記本足錢伍千千文，

慶記本足錢叁百千文，

雲記本足錢壹百伍拾千文，

守記本足錢伍百千文，

仙記本足錢貳百千文，

舫記本足錢肆百千文，

順記本足錢壹千千文，

義記本足壹千千文,

珠記本足錢貳千叁百千文,

亦記本足錢貳千叁百千文,

理記本足錢壹千叁百千文,

敏記本足錢貳百伍拾千文,

錠記本足錢伍百千文,

又記本足錢叁百伍拾千文,

祥記本足錢柒百千文,

紹記本足錢伍百千文,

素記本足錢壹千肆百千文、壹千千文,

建記本足錢貳百千文,

好記本足錢伍百千文,

愷記本足錢陸拾千文,

有記本足錢壹千貳百千文,

敦記本足錢陸百千文,

桂記本足錢伍百千文,

渭記本足錢肆百千文,

鎌記本足錢伍百千文,

廷記本足錢壹百叁拾捌千文,

祉記本足錢壹千千文,

天生本足錢壹百千文,

催記本足錢玖百千文,

魁本足錢貳百千文。

除存還益達付家用透支足錢柒千叁百肆拾玖千貳百陸拾肆文。

原本年照益達來賬結共付支足錢壹千叁百玖拾柒千柒百拾玖文。

除怡和付還足錢柒百捌拾壹千肆百叁拾柒文,仍淨該蘭號足錢陸百拾陸千貳百捌拾貳文。

照蘭號丗價算計蘭好叁百捌拾壹兩壹錢貳分柒厘,

又益達本年來賬結共付蘭𡥈 玖千叁百玖拾陸兩玖錢叁分捌厘,

又上年結透支𡥈 柒百伍拾柒兩肆錢捌分壹厘,

叁共益達付支蘭𡥈 壹萬零伍百叁拾伍兩伍錢肆分陸厘。

除本年德新付益達洋錢陸千元、協和付益達洋錢貳千元,

內除還益達付家洋柒千零零伍元,仍多洋玖百玖拾伍元,照〨〇〨算作還𡥈捌百零叁兩玖錢陸分。

又本年益達付存本利蘭𡥈壹千陸百兩,

兩共付益達蘭𡥈貳千肆百零叁兩玖錢陸分。

又查怡和本年盤總作還益達洋貳千貳百元,

敬義本年盤總作還益達洋貳千貳百元,

共肆千肆百元,照蘭〨〇〨算作還蘭𡥈叁千五百伍拾伍兩貳錢,除此作還。

仍淨透蘭號蘭𡥈肆千伍百柒拾陸兩叁錢捌分陸厘,內:上年透柒百伍拾柒兩肆錢捌分壹厘,本年透叁千捌百拾捌兩玖錢零伍厘,照蘭號上年價〡〥〥算足錢壹千壹百柒拾肆千零玖拾伍文,本年價〡〦〢〡算足錢陸千壹百柒拾伍千壹百陸拾玖文,兩共足錢上數。

叁共除存還足錢捌萬叁千柒百玖拾貳千玖百肆拾伍文。

除存還淨計盤存實本蘭𡥈足錢拾貳萬伍千貳百柒拾捌千零肆拾叁文。

內蘭平𡥈銀貳萬兩,足錢拾萬零伍千貳百柒拾捌千零肆拾叁文。

道光二十六〔貳拾陸〕年歲次丙午四月清查各業實本總

查存本年正月盤存德新典本足錢伍萬陸千肆百肆拾叁千玖百陸拾壹文。

查存本年正月盤存協和典本足錢伍萬柒千零柒拾千零叁百拾柒文。

原正月盤存足錢伍萬柒千零拾柒千零貳拾捌文,加昔年該典未銷坐飛[①]項合收入足錢伍拾叁千貳百捌拾玖文,兩共上數。

①坐飛:无故而飞。

查存本年正月盤存怡和典本足錢叁萬肆千肆百千文。

查存本年正月盤存敬義典本足錢叁萬陸千捌百千文。

查存益達生息蘭平歹本銀貳萬兩。

查存置辦田價本足錢肆千肆百拾千文。

陸共查存本足錢貳拾萬零玖千壹百貳拾肆千貳百柒拾捌文。

加本年四月收德新典拔出棉花本足錢肆千五百捌拾玖千零五拾肆文。

又,收德新典暫寄存拔出作本足錢壹千壹百柒拾五千玖百柒拾捌文。

又,收協和典暫寄存拔出作本足錢貳千五百柒拾壹千壹百柒拾捌文。

又,收怡和典暫寄存拔出作本足錢壹千柒百柒拾柒千捌百叁拾肆文。

又,收敬義典暫存拔出作本足錢肆拾壹千叁百玖拾叁文。

又,收拔存益達本錢蘭平歹銀五千兩,作錢仍餘錢價足錢叁千零捌拾五千文。

陸,收足錢壹萬叁千貳百肆拾千零肆百叁拾柒文。

兩共查存計足錢貳拾貳萬貳千叁百陸拾肆千柒百拾五文。

查上年計得淨利足錢,除付支各附本息仍得淨利足錢壹萬叁千玖百陸拾千零壹百肆拾叁文。

內益達銀利蘭歹壹千陸百兩,𠀤錢價算作公用項,計足錢貳千五百捌拾柒千貳百文,又各業共淨利足錢壹萬壹千叁百柒拾貳千玖百肆拾叁文。

肆股均分,每房各得貳千捌百肆拾叁千貳百叁拾陸文。

支足錢貳千五百捌拾柒千貳百文。上年益達利付公用。

支足錢捌千零捌拾伍千文。

本年四月支存益達蘭歹本銀五千兩𠀤價算足錢上數。

支足錢貳千捌百肆拾叁千貳百叁拾陸文,上年大房派得利入家用支。

支足錢貳千捌百肆拾叁千貳百叁拾陸文,上年二房仝。

支足錢貳千捌百肆拾叁千貳百叁拾陸文,上年三房仝。

支足錢貳千捌百肆拾叁千貳百叁拾陸文,上年四房仝。

原上年結共付支家用足錢貳千柒百五拾肆千五百玖拾捌文,除付支仍餘足錢捌拾捌千陸百叁拾捌文,收入結存本內訖。

支足錢壹千五百千文,本年四月公項內撥存四業坐飛項。

支足錢貳百千文，本年四月公項内撥入星記存附本。

支足錢捌百五拾柒千壹百柒拾壹文，上年公用透支。

原上年公用支足錢貳千陸百零貳千柒百肆拾肆文，各帮項足錢五千肆百玖拾叁千零肆拾陸文。

辦存付過屋價足錢叁千壹百陸拾玖千零叁拾捌文，辦存花板足錢五百玖拾肆千五百肆拾叁文。

肆共足錢壹萬壹千捌百五拾玖千叁百柒拾壹文，除上年租穀售洋貳百五拾元足錢叁百叁拾千文。

仍淨支足錢壹萬壹千五百貳拾玖千叁百柒拾壹文。

除上支益達利付公用又支蘭𡥉五千兩，共足錢壹萬零陸百柒拾貳千貳百文，仍淨透支上數。

支足錢肆千肆百拾千文，本年四月開支辦公田價。

支足錢肆千五百捌拾玖千零五拾肆文。又，開支辦存棉花本。

支足錢肆百拾千零柒百陸拾肆文，上年大房家用透支。

原上年共支家用足錢叁千貳百五拾肆千文，除上派分得利仍淨透支上數。

支足錢叁百柒拾貳千五百零叁文，上年二房家用透支。

原上年共支家用足錢叁千貳百拾五千柒百叁拾玖文，除上派分得利仍淨透支上數。

支足錢五千捌百玖拾肆千五百陸拾肆文，上年三房家用透支。

原上年共支家用足錢捌千柒百叁拾柒千捌百文，除上派分得利仍淨透支上數。

拾肆共支足錢肆萬零貳百柒拾玖千貳百文。

内除開支上年公用大、二、三房各透支家用，今於各存本，支還共足錢柒千五百叁拾五千零零貳文。

内公項足錢捌百五拾柒千壹百柒拾壹文，

大房足錢肆百拾千零柒百陸拾肆文，

二房足錢叁百柒拾貳千五百零叁文，

三房足錢五千捌百玖拾肆千五百陸拾肆文，四共足錢上數。

又除上撥出四業坐飛、星記存本兩項足錢壹千柒百千文。

内坐飛項足錢壹千五百千文，星記存本足錢貳百千文，兩共上數。

除收開支各透支并撥出另存仍淨支足錢叁萬壹千零肆拾肆千壹百玖拾捌文。

除支仍淨查存本足錢貳拾萬零五千貳百捌拾千零陸百陸拾壹文。

查存德新典本足錢五萬柒千陸百拾玖千玖百叁拾玖文，

查存協和典本足錢五萬玖千陸百肆拾壹千肆百玖拾五文，

查存怡和典本足錢叁萬陸千壹百柒拾柒千捌百叁拾肆文，

查存敬義典本足錢叁萬陸千捌百肆拾壹千叁百玖拾叁文，

查存益達生息本蘭平𡥧銀壹萬五千兩，

五共查存足錢貳拾萬零五千貳百捌拾千零陸百陸拾壹文。

除存還公項蘭𡥧足錢壹萬玖千陸百捌拾柒千壹百肆拾五文，

原會本入來足錢肆千肆百玖拾玖千壹百柒拾捌五文，又李氏還項入來足錢陸千柒百貳拾千文，

又存益達生息照原作足錢算蘭𡥧壹萬五千兩，

叁共蘭𡥧足錢共貳萬陸千貳百拾玖千壹百柒拾伍文。

除支還本年公項透支足錢捌百五拾柒千壹百柒拾壹文，又除撥還三房墊置許厝地價足錢叁千千文。

又撥出入大總湊壹拾貳萬數，四房均分足錢貳千陸百柒拾肆千捌百五拾玖文，叁共除透支撥出足錢陸千五百叁拾貳千零叁拾文，仍淨存還上數。

除存還大房存本彙清入來足錢玖千肆百貳拾陸千叁百肆拾肆文。

原峻記入來本、利足錢捌千肆百肆拾千文，

遜記入來足錢玖百柒拾柒千壹百零玖文，

味記入來足錢肆百貳拾千文，

叁共足錢玖千捌百叁拾柒千壹百零玖文。

除本年家用透支足錢肆百拾千零柒百陸拾五文，仍淨上數。

除存還二房存本彙清入來足錢壹萬零五百捌拾玖千玖百玖拾文。

原養記入來本、利足錢玖千五百貳拾千文，

新記入來足錢壹千零肆拾貳千肆百玖拾肆文，

垚記入來足錢肆百千文，

叁共足錢壹萬零玖百陸拾貳千肆百玖拾肆文。

除本年家用透支足錢叁百柒拾貳千五百零肆文，仍淨上數。

除存還三房存本彙清入來足錢陸千捌百玖拾貳千陸百貳拾叁文。

原學記入來本、利足錢五千玖百貳拾千文，

左記入來足錢壹千叁百玖拾捌千貳百玖拾陸文，

惇記入來足錢捌百千文，

耘記入來足錢壹千零陸拾捌千捌百玖拾貳文，

竺記入來足錢陸百千文，

又公項撥來還塾買許厝地足錢叁千千文。

除共足錢壹萬貳千柒百捌拾柒千壹百捌拾捌文。

除本年家用透支足錢五千捌百玖拾肆千五百陸拾五文，仍淨上數。

除存還四房存本彙清入來足錢陸千柒百柒拾捌千叁百五拾叁文。

原以記入來本、利足錢五千肆百千文，

實記入來足錢玖百捌拾玖千柒百拾五文，

碩記入來足錢叁百千文，

又本年派分利除家用支仍餘足錢捌拾捌千陸百叁拾捌文，

肆共足錢上數。

除存還附記存本入來足錢壹萬五千玖百零陸千貳百零叁文。

維記本足錢壹千捌百千文，

義記本足錢壹千千文，

又記本足錢叁百五拾千文，

翰記本足錢五千千文，

亦記本足錢貳千叁百千文，

廷記本足錢壹百叁拾捌千文，

雲記本足錢壹百五拾千文，

敦記本足錢陸百千文，

舫記本足錢肆百千文，

仙記本足錢貳百千文，

渭記本足錢肆百千文，

敏記本足錢貳百五拾千文，

紹記本足錢壹千貳百捌拾陸千貳百叁拾文，

紹記本足錢五百千文，

愷記本足錢陸拾千文，

魯記本足錢壹百貳拾柒千玖百柒拾叁文，

天生本足錢壹百千文，

魁仂本足錢貳百千文，

明記本足錢柒拾貳千文，

建記本足錢貳百千文，

宏記本足錢貳百伍拾貳千文，

敬記本足錢叁百貳拾千文，

貫記本足錢貳百千文，

貳拾叁共上數。

除存還大房附記存本入來足錢陸千五百千文。

順記本足錢壹千千文，

錠記本足錢五百千文，

桂記本足錢五百千文，

珠記本足錢貳千叁百千文，

鎌記本足錢五百千文，

守記本足錢五百千文，

滿記本足錢柒百千文，

慶記本足錢叁百千文，

星記本足錢貳百千文，

九共上數。

除存還三房附記存本入來足錢柒千壹百千文。

理記本足錢壹千叁百千文，

素記本足錢貳千肆百千文，

有記本足錢壹千貳百千文，

祥記本足錢柒百千文，

好記本足錢五百千文，

祉記本足錢壹千千文，

六共上數。

除存還四房附記存本入來催記本足錢玖百千文。

除存還撥出四業坐飛項足錢壹千五百千文。

內德新飛銷各友暫足錢肆百柒拾肆千五百捌拾柒文，原文申錢五百貳拾柒兩叁錢壹分玖厘。

協和飛銷各友暫足錢五百肆拾壹千五百拾叁文，原七六錢柒百拾貳兩五錢壹分柒厘。

怡和飛銷各友暫足錢壹百陸拾玖千玖百陸拾貳文，原三申錢貳百拾貳兩肆錢五分叁厘。

敬義飛銷各友暫足錢貳百貳拾肆千零肆拾肆文，原三申錢貳百捌拾兩零零五分五厘。

肆共計撥歸四業飛銷足錢壹千肆百拾千零壹百零陸文，仍餘多足錢捌拾玖千捌百玖拾肆文，當入。

公項各房騎縫印簿上收照此細載，今將止人坐飛四業各友暫項注銷訖。

拾共除存還各入項足錢捌萬五千貳百捌拾千零陸百陸拾壹文。

除存還各入仍淨實足錢拾貳萬千文。

道光二十六年歲次丙午正月盤查　道光二十五年德新典總

一存衣本文申錢五萬一千零四十九兩六錢九分，

一存棧本文申錢七千三百四十一兩一錢伍分，

一存官當本文折錢貳百零七兩九錢貳分六厘，

一存錢盤現文申錢九千一百三十七兩三錢三分六厘，

一存恒足辦物文申錢四百九十八兩零三分五厘，

一存暫祀各宗文申錢四百八十八兩三錢九分八厘，

一存興利杜花㺯錢五千零九十八兩九錢四分九厘，
一存邑尊揖借㺯錢七百捌拾貳兩三錢六分五厘，
一存虞氏押租㺯錢一千五百五十五兩五錢五分五厘，
一存堆存庄現㺯錢貳百兩零零八錢九分，
十共查存㺯錢七萬六千三百六十兩零貳錢九分四厘。
除存還寄存彙登二十二宗㺯錢一萬三千三百三十五兩七錢零貳厘。
原塘工存項四百八十貳兩七錢七分八厘，
同善會存項貳百捌十六兩，
書院存項一百四十八兩四錢貳分六厘，
祀典存項伍十貳兩三錢〇一厘，
存仁堂帶柩存項貳百兩，
存仁堂存項貳百五十兩，
調劑存項三十七兩一錢三分七厘，
堆金會存項六百貳十九兩七錢六分九厘，
市房頂首項五十九兩九錢一分四厘，
紹记存項一千四百貳十九兩一錢四分四厘，
宏记存項貳百八十兩，
明记存項八十兩，
曾记存項一百十六兩貳錢七分四厘，
附记存項貳十兩零五錢七分一厘，
青典洋餘項一千〇〇貳兩七錢貳分貳厘，
坐分洋餘項貳十九兩貳錢七分五厘，
各存下落項貳百九十四兩七錢七分八厘，
典另存項三千零五十三兩八錢四分三厘，
典暫存項七十兩〇〇三分九厘，
市房租項五百五十九兩〇五分七厘，
陳留利存項五百八十五兩五錢三分八厘，
青典存錢三千六百六十七兩七錢三分二厘。

除存還彙清暫登𡛊錢三百零九兩零八分。

兩共除存還𡛊錢一萬三千六百四十四兩七錢捌分貳厘。

除存還仍淨盤存典本𡛊錢六萬貳千七百十五兩五錢一分貳厘。

原上年盤存典本𡛊錢六萬七千零捌拾兩零五錢零八厘。

本年得淨利𡛊錢五千五百八十貳兩七錢八分。

原取衣利𡛊錢七千七百八十八兩三錢九分八厘，

取棧利𡛊錢七百十五兩四錢五分八厘，

銷衣利𡛊錢一千零十四兩四錢四分貳厘，

銷棧利𡛊錢十九兩四錢三分，

四共收利𡛊錢九千五百三十七兩七錢貳分八厘。

除本年典支用𡛊錢三千三百四十八兩八錢五分貳厘，

又認各利𡛊錢六百〇六兩〇九分六厘，

兩共支𡛊錢三千九百五十四兩九錢四分八厘，仍得淨利上數。

每兩派 合八厘三毫貳絲貳忽五微一漠息。

兩共計本利𡛊錢七萬貳千六百六十三兩貳錢八分八厘。

加上年協合撥付𡛊錢五千九百十一兩一錢一分一厘。

支𡛊錢一萬五千八百五十八兩八錢八分七厘。上年結付家用。

除支仍淨實存典本𡛊錢六萬貳千七百十五兩五錢一分貳厘。

道光二十六年歲次丙午四月盤查協和典實本總

一存衣本七六錢五萬零八百九十五兩三錢一分，

一存内棧本七六錢六千貳百十四兩八錢九分，

一存外棧本七六錢七千五百六十五兩六錢七分，

一存屋價生財七六錢八千八百七十兩零三錢九分五厘，

一存錢盤現七六錢一千九百貳十四兩七錢三分九厘，

一存恒足辦物七六錢三百七十貳兩七錢零七厘，

一存暫祀各宗七六錢一千零貳十六兩一錢五分三厘，

共各暫記一千〇六十八兩五錢八分九厘，原暫一千貳百〇五兩八錢四分，除后開支五宗一百三十七兩貳錢五分一厘，仍淨暫上數。

内典暫項共三百五十六兩零七分貳厘。

燈油十一兩八錢〇六厘，存箱紙一兩三錢貳分，接嬰堂貳百八十七兩七錢一分九厘，過年恒足三十九兩貳錢貳分七厘，内棧蒲包七兩，木作頭九兩。

典友暫項共七百十貳兩五錢一分七厘。

殿记七十三兩，禹记九十六兩，合记貳十兩，竇记六十四兩七錢九分，永记五兩，發慶四十三兩，來順貳十四兩貳錢五分，東记貳百三十七兩，陟记六十兩，載记十四兩五錢，泰记四十八兩一錢〇五厘，世祥五兩，新益貳十一兩八錢七分貳厘。

仍各存暫记 四十貳兩四錢三分六厘，除存作抵仍暫上數。

一存朱邑尊官當七六錢三百十一兩。

一存結存平典七六錢四千三百四十三兩三錢六分三厘。

九共查存七六錢八萬一千五百貳十四兩貳錢貳分七厘。

除存還寄存彙登十宗七六錢貳千零貳十六兩一錢零五厘。

原盤總結存十六宗五千五百貳十兩〇六錢九分九厘，内除撥出六宗三千四百九十四兩五錢九分四厘，仍淨上數。

内:江、興兩衛存項貳百五十貳兩四錢〇一厘，攤捐存項三百〇貳兩一錢八分一厘，求忠書院存項四十四兩〇一分貳厘，接嬰堂存項貳百八十七兩七錢一分九厘。

六合𫢸丁存項貳百十五兩九錢三分五厘，抵補存項三百五十四兩九錢九分一厘，竇蘇局存項一百三十九兩四錢七分四厘，市房頂首項一百五十貳兩七錢六分四厘。

内缺懸餘項一百九十一兩〇一分五厘，暫存下落項八十五兩六錢〇八厘。

十共上數。

除存還留利彙清七六錢八百七十六兩九錢捌分。

除存還收利暫登七六錢一百四十五兩四錢九分。

　　三共除存還七六錢三千零四十八兩五錢七分五厘。

除存還仍淨實存典本七六錢七萬八千四百七十五兩六錢五分貳厘。

　原本年正月盤上年實存典本七六錢七萬五千零九十貳兩五錢貳分三厘。

　加本年四月暫寄存撥入本七六錢三千三百八十三兩一錢貳分九厘。

　原寄存撥出六宗七六錢三千四百九十四兩五錢九分四厘。

　　內:陳售留利項一千三百〇貳兩七錢三分八厘,市房租存項貳百四十四兩九錢貳分六厘,典存洋餘項九百九十兩〇〇三分五厘。

　　小使用餘項三十一兩一錢三分,色皮項五百〇六兩六錢七分,售包另送項四百十九兩〇九分五厘。

　又存暫撥出兩宗七六錢貳拾五兩七錢八分六厘。

　　內:邑尊官當利洋餘項貳十兩〇四錢五分七厘,發慶還暫項五兩三錢貳分九厘

　　兩共暫寄存撥來七六錢三千五百貳十兩零三錢八分

　　除開支暫五宗七六錢一百三十七兩貳錢五分一厘

　　內議敘項一百〇貳兩六錢三分貳厘,硃牋手巾六兩五錢一分,邦記貳十四兩五錢九分三厘,星記一兩六錢,大有一兩九錢一分六厘

兩共實存典本七六錢七萬八千四百七十五兩六錢五分貳厘

道光二十六年歲次丙午四月盤查怡和典實本總

一存衣本⿰氵申錢貳萬四千三百六十三兩一錢七分六厘,

一存興利本⿰氵申錢五千三百九十八兩一錢貳分四厘,

　原菜餅貳千五百仝,本四千〇貳十四兩三錢〇三厘。

　早穀八百五十石〇八十四斤,本九百〇六兩貳錢三分八厘。

　占穀六十八石三十八斤,本一百〇三兩一錢三分一厘。

　小荳一百八十三石貳十三斤,本三百六十四兩四錢五分貳厘。

一存錢盤現訷錢八千六百十貳兩貳錢，

一存暫記各宗訷錢貳百三十七兩八錢八分三厘，

共各暫記四百貳十三兩九錢一分五厘，原各暫記五百七十兩〇三錢八分四厘，除后開支三宗一百四十六兩四錢六分九厘，仍淨上數。

各友暫項貳百十貳兩四錢五分三厘。

内：冠记七十貳兩一錢五分八厘，廷记三十七兩五錢，顯记六兩一錢貳分五厘，鶴记貳兩四錢七分八厘，永记五兩五錢，殿记五十貳兩五錢，雲记貳十貳兩三錢六分一厘，紹记貳兩九錢三分貳厘，允记十兩〇八錢九分九厘。

办存木植陳酒共一百七十兩〇〇八分八厘，羅棧雜用四十一兩三錢七分四厘。

仍各存暫记一百八十六兩〇三分貳厘，原各存暫貳百六十三兩八錢七分五厘，除后撥出洋餘一宗七十七兩八錢四分三厘，仍淨上數。

一存蘭號訷錢五千兩，

一存屋價生財訷錢五千六百兩，

一存恒足辦物訷錢七十兩零零一分九厘，

七共查存訷錢四萬九千貳百八十一兩四錢零貳厘。

除存還寄存彙登訷錢一百十一兩四錢貳分八厘，包餘存項。

原盤總結存七宗訷錢貳千四百〇貳兩三錢四分七厘，内除撥出六宗訷錢貳千貳百九十兩〇九錢一分九厘。

原除撥出四宗訷錢一千六百四十兩〇九錢一分九厘，内洋餘項一千四百貳十兩，小使用餘項貳十七兩四錢五分貳厘，敬典信貸項一百五十三兩四錢六分七厘，敬典棧租存項四十兩。

又除撥出附本二宗訷錢六百五十兩，内敬记四百兩，貫记貳百五十兩。

除存還留利彙清訷錢三百三十一兩四錢三分一厘。

除存還德新拨付家用坐還益達洋貳千貳百元訷錢三千六百十六兩貳錢五分。

三共除存還訷錢四千零五十九兩一錢零九厘。

除存還仍淨實存典本訷錢四萬五千貳百貳十貳兩貳錢九分三厘。

原本年正月盤上年實存典本訷錢四萬三千兩。

加本年四月暫寄存據入來訷錢貳千貳百貳十貳兩貳錢九分三厘，前頁列細。

又暫存據來洋餘訷錢七十七兩八錢四分三厘，

兩共據出訷錢貳千三百六十八兩七錢六分貳厘。

除開支三宗訷錢一百四十六兩四錢六分九厘。

内：東宅往來并办物項共一百〇四兩五錢七分，春记貳十三兩貳錢五分一厘，致記十八兩六錢四分八厘。

兩共實存典本訷錢四萬五千貳百貳十貳兩貳錢九分三厘。

道光二十六年歲次丙午四月盤查敬義典實本總

一存衣本訷錢貳萬三千六百五十貳兩三錢八分七厘，

一存興利本訷錢五千六百貳十三兩四錢五分五厘，

原菜餅貳千五百金，本四千〇貳十四兩三錢〇三厘；

早穀九萬三千八百九十九斤，本一千〇十兩〇七錢五分一厘；

占穀五千九百八十斤，本九十兩〇八錢五分九厘；

小荳貳萬五千貳百八十四斤，本四百九十七兩五錢四分貳厘。

一存錢盤現訷錢一萬零八百零貳兩零八分，

一存生財傢伙訷錢一千三百兩，

一存屋價裝摺訷錢五千一百零七兩五錢，

一存汪姓當屋價訷錢一千八百十貳兩五錢，

一存汪姓押租訷錢貳百四十九兩，

一存屋東商匯訷錢一千三百五十兩零八錢貳分五厘，

一存屋東商借訷錢六十貳兩貳錢五分，

一存恒足辦物訷錢一百零五兩三錢三分七厘，

一存暫記各宗訷錢貳百八十七兩六錢一分九厘，

共各暫记四百貳十三兩貳錢一分八厘，原各暫记四百四十九兩五錢八分一厘，除后開支一宗貳十六兩三錢六分三厘，仍淨暫上數。

内：逐月恒足付棧雜用共三十貳兩一錢一分九厘，办存木植零物六十三兩七錢七分八厘，典内往來十八兩八錢四分貳厘，集记貳十八兩四錢貳分四厘。

又各友暫項貳百八十兩零零五分五厘。

秉记九十七兩五錢，以記貳十一兩〇六分貳厘，錫记十兩〇三錢六分八厘，星记十五兩七錢八分三厘，漢记十八兩七錢五分，上记九兩七錢七分八厘，上富七兩貳錢五分，禮记四十七兩貳錢四分八厘，德记四兩三錢六分八厘，振记貳十五兩，紹记八兩六錢九分四厘，貢记五兩一錢六分七厘，李福九兩〇八分七厘。

仍各存暫记一百三十五兩五錢九分九厘，

原各存暫貳百十三兩七錢〇三厘，

除撥出后二宗七十八兩五錢〇四厘，除存作抵仍暫上數。

十一共查存訷錢五萬零三百五十貳兩九錢五分三厘。

除存還留利彙清訷錢六百八十四兩九錢六分貳厘，

除存還德新拔付家用坐還益達洋貳千貳百元，訷錢三千六百十六兩貳錢五分，

兩共除存還訷錢四千三百零一兩貳錢一分貳厘。

除存還仍淨實存典本訷錢四萬六千零五十一兩七錢四分一厘。

原本年正月盤存實本訷錢四萬六千兩正，

加本年四月暫存兩宗撥入本訷錢五十一兩七錢四分一厘，

原房東匯息訷錢六十四兩五錢九分四厘，洋餘項訷錢十三兩五錢一分，除開支成記暫訷錢貳十六兩三錢六分三厘，仍淨上數。

兩共實存典本訷錢四萬六千零五十一兩七錢四分一厘。

道光二十六年歲在丙午四月　吉立

麗南公公項

本年四月吉辰照存本溯源分業墨議結入來共存本蘭平𡚸銀壹萬五千兩，足錢四千六百八十七千一百四十五文。

又收仝四業坐飛項除飛銷各典友暫仍餘足錢捌拾九千八百九拾四文。

兩共：蘭平𡚸銀壹萬五千兩，足錢四千七百七十七千零三十九文。

又仝入來各親友附記生息本足錢一萬四千七百三十四千貳百三十文。

　各名下存本數目另立公簿注細。

大共計本：

存蘭平𡚸銀壹萬五千兩，足錢一萬九千五百十一千貳百六十九文。

　內存：

　　大房協和典公項足錢四千七百千文，附本足錢三千五百千文；

　　四房德新典附本足錢一萬一千貳百千文；

　　益達號蘭平九五銀一萬五千兩。

除付各業生息本仍淨家存公項足錢一百十一千貳百六十九文。

大房

　收存本溯源分業墨議入來分受足錢三萬千文，

　收仝入來大房另存項足錢九千四百貳拾六千三百四十四文，

　收仝入來坐飛協和典友暫項足錢五百四十一千五百十三文，

　　三共足錢三萬九千九百六十七千八百五十七文。

　又收公項撥來生息本足錢四千七百千文，

　收各親友存公項撥來附生息本足錢三千五百千文，

收自親春存公項撥來生息本足錢六千五百千文,

收本典各友附生息本足錢五百七十九千九百七十三文,

四共生息本足錢一萬五千貳百七十九千九百七十三文。

大共計本足錢五萬五千貳百四十七千八百三十文。

鬮得青浦協和典實存典本足錢五萬玖千六百四十一千四百九十五文。

四月吉辰清查總簿備載,原七六錢七萬八千四百七十五兩六錢五分貳厘。

内除上年結存德新往來,今作拔付德新典足錢三千三百千零零九百五十六文,

除拔找公項零足錢七十七千零四十貳文,

除拔付怡和典足錢一千零十五千六百六十七文,

三共除拔出足錢四千三百九十三千六百六十五文。

除拔出淨存協和典實本足錢五萬五千貳百四十七千八百三十文。

對上計存合數。

二房

收存本溯源分業墨議入來分受足錢三萬千文,

收仝入來二房另存項足錢一萬零五百八十九千九百九十文,

收仝入來坐飛敬義典各友暫項足錢貳百貳拾四千零四十四文,

三共足錢四萬零八百拾四千零三十四文。

又收本典友附生息本足錢三百貳十千文,

大共計本足錢四萬一千一百三十四千零三十四文。

鬮得湯溪敬義典實存典本足錢三萬六千八百四十一千三百九十三文。

四月吉辰清查總賬備載,原訷錢四萬六千零五十一兩七錢四分一厘,

加收德新典拔來足錢四千貳百九十貳千六百四十一文,

兩共實存敬義典本足錢四萬一千一百三十四千零三十四文。

對上计足錢合數。

三房

收存本溯源分業墨議入來分受足錢三萬千文,

收仝入來三房另存項足錢六千八百九十貳千六百貳十三文，
收仝入來坐飛怡和典友暫項足錢一百六十九千九百六十貳文，
三共足錢三萬七千零六十貳千五百八十五文。
又收仝入來親春附生息本足錢七千一百千文，
收本典友附生息本足錢貳百千文，
二共生息本足錢七千三百千文。
大共計存本足錢四萬四千三百六十貳千五百八十五文。
鬮得湯溪怡和典實存典本足錢三萬六千一百七十七千八百三十四文。
四月吉辰清查總賬備載，原訷錢四萬五千貳百貳拾貳兩貳錢九分三厘，
加收協和典拔來足錢一千零十五千六百六十七文，
加收德新典拔來足錢六十九千零八十四文，
三共計足錢三萬七千貳百六十貳千五百八十五文。
加存德新典生息本足錢七千一百千文，
共計實存怡和典本足錢四萬四千三百六十貳千五百八十五文。
對上計存合數。

四房

收存本溯源分業墨議入來分受足錢三萬千文，
收仝入來四房另存項足錢六千七百七十八千三百五十三文，
收仝入來坐飛德新典友暫項足錢四百七十四千五百八十七文，
三共足錢三萬七千貳百五十貳千九百四十文。
又收公項撥來各親友附生息本足錢一萬一千貳百千文，
收親春附生息本足錢九百千文，
收三房附生息本足錢七千一百千文，
收本典友附生息本足錢七十貳千文，
四共生息本足錢一萬九千貳百七十貳千文。
大共計存本足錢五萬六千五百貳十四千九百四十文。
鬮得平湖德新典實存典本足錢五萬七千六百十九千九百三十九文。

四月吉辰清查總賬註細，原𡊮錢六萬四千零貳十貳兩一錢五分四厘，
加收協和典拔來足錢三千三百千零零九百五十六文，
兩共計足錢六萬零九百貳十千零八百九十五文。
内除拔付敬義典足錢四千貳百九十貳千六百四十一文，
除拔付怡和典足錢六十九千零八十四文，
除拔找家公項足錢三十四千貳百三十文，
三共除拔出足錢四千三百九十五千九百五十五文。
除拔出淨存德新典實本足錢五萬六千五百貳十四千九百四十文。
對上計存合數。

清宣統元年績溪縣官立東山高等小學堂分類謄清

清宣統元年績溪縣官立東山高等小學堂分類謄清

連皮共計玖拾捌頁

騎封印共計玖拾柒顆

補端午

下學期

方教員印錫珍字柏卿 黟縣人 甲

二月到堂

全年薪水洋弍佰四拾元

送去英洋弍拾元正 二月份

送去英洋捌元正 閏二月份

送去英洋拾弍元正 仝

送去英洋弍拾元正 三月份 共卆元

送去英洋弍拾元正 四月份

送去英洋四拾元正 五六兩月份 前期訖

付借錢四佰文 附入洋叁角七分正 給縣茶房

付代書價洋柒分四厘 以上兩筆言定归後期薪水內除

共送去英洋壹佰弍拾元正 付訖

另該英洋四角四分四厘 此洋十二月十二日𥝁訖

送去英洋弍拾元正 七月份

送去英洋八元 八月份

苎 [illegible] [illegible] [illegible] 苗

送去英洋拾弍元 仝

送去英洋拾元 九月份

送去英洋拾元 仝

送去英洋拾玖元五角五分六厘 十月份

送去英洋四拾元 十一月十二月份

共送去洋壹佰拾玖元五角五分六厘

另獎勵洋拾伍元

程教員 印秉昌字永卿 甲

二月到堂

全年薪水洋壹佰四拾元

送去英洋拾元正 二月份

送去英洋四元正 閏二月份

送去英洋六元正 仝

送去英洋壹元 三月份

送去英洋玖元正 仝 共叁拾元

送去英洋拾元正 四月份

送去英洋叁拾元正 五六兩月份 前期訖

共送去英洋柒拾元正 付訖

下學期

送去英洋拾元正 七月份

送去英洋拾元正 八月份

送去英洋捌元 九月份

送去英洋弍元 仝

送去英洋拾元十月份

另送獎勵洋拾五元

送去英洋叁拾元十一月十二月份

共送去英洋柒拾元村訖

下學期

補端午

鄭教員 印炳熊字桓如

三月到堂

本年三月起計薪水英洋壹佰弍十元

送去英洋拾元正 三月份

送去英洋拾元正 四月份

送去英洋伍元正

送去英洋玖元壹角玖分六厘

送去英洋拾五元八角另四厘

共送去英洋伍拾元正 前期訖

付借錢四伯文 附入洋叁角七分 給縣茶房 此洋言定扣後期薪水內祢 此洋十一月當祢訖

送去英洋拾元正 七月份

送去英洋陸元 八月份

送去英洋四元全

送去英洋六元 九月份

送去英洋四元全

茁

送去英洋叁拾九元六角三分 十月 十一月 十二月份

共送去英洋陆拾玖元六角三分 訖

另奬勵洋拾伍元

王堂長 印昭三字子乾

送去英洋拾元正 運中手去

送去英洋弍拾元正 觀全手去

共送去英洋叁拾元正 付訖

甲

暂代在堂
三十三日

伊向胡堂長面言自取英洋叁拾元正

菿

胡堂長 印晉接 字子承

三月 到堂

王堂長言送本年上學期送英洋柒拾元正

送去英洋柒拾元正 此洋未收仍繳財政處作爲捐款

馬堂長 卬甲東字蔭庭 江蘇鹽城人

八月到堂

本期薪水英洋壹佰元因路程遥遠 邑尊議加夫馬英洋伍拾元

送去英洋拾元

送去英洋拾伍元

送去英洋叁拾元

送去英洋壹元

送去英洋叁拾元

送去英洋拾元

送去英洋拾四元

送去英洋四拾元

共送去英洋壹佰伍拾元 付訖

另奬勵洋拾伍元

行號

胡書記印籌字運中

暫代在堂會司

支去英洋伍元正

支去英洋伍元正

共支去英洋拾元正

付訖

章書記 名洪宜字時若

甲

三月到堂

本年三月起計薪水洋伍拾元

下學期

[illegible]

支去英洋弍拾元正 付訖

支去英洋五元正 七月份

支去英洋伍元正 八月份

支去英洋伍元正 九月份

支去英洋拾伍元正 十、十一、十二月份

共支英洋叁拾元 付訖

上學期職員教員薪水清總

共付出英洋叁伯拾柒元正

内合方教員洋壹伯弍十元

程教員洋七拾元

鄭教員洋伍拾元

王堂長洋叁拾元

胡堂長洋七拾元

胡書記洋拾元

章書記洋弍拾元

另方教員透支洋柒分四重錢四伯文入洋三分下

鄭教員透支錢四伯文入洋三分下

下學期職員教員薪水清總

共付出英洋肆伯玖拾玖元壹角八分

内合馬堂長薪水洋壹伯元

又夫馬洋伍拾元

又獎勵洋拾伍元

方教員薪水洋壹伯拾九元半六

又獎勵洋拾伍元

程教員薪水洋柒拾元

又獎勵洋拾伍元

鄭教員薪水洋陸拾九元半三卜

又獎勵洋拾伍元

章書記薪水英洋叁拾元

下學期

廚房周觀全工食 乙

二月到堂

每學期英洋叁拾元正

付英洋六元正 二月份

付英洋六元正 又二月份

共拾弍元

付英洋六元正 三月份

付英洋六元正 四月份

付英洋六元正 計錢六千四伯八千文 五月份

共付英洋叁拾元 內有錢六千四伯八千文 前期訖 付訖

付英洋六元正 七月份

付英洋六元正 八月份

付英洋六元正 九月份

付英洋六元正 十月份

付英洋六元正 十一月份

共付英洋叁拾元 付訖

雜役黃觀照工食

付洋叁元正 二月份

付洋叁元正 又二月份

付洋叁元正 三月份

共九元

付洋叁元正 四月份

付洋叁元正 五月份

共付英洋拾五元正

前期訖

付訖

下學期

付洋叁元正 七月份

付洋叁元正 八月份

付洋叁元正 九月份

付洋叁元正 十月份

付洋叁元正 十一月份

共付英洋拾五元

訖

二月到堂

每學期英洋拾伍元正

卆　亩　廿　對　對

夏福工食

付英洋弍元 八月份

付英洋壹元五角 仝上

付英洋叁元五角 九月份

付英洋叁元五角 十月份

付英洋叁元五角 十一月份

共付英洋拾四元 付訖

清宣統元年績溪縣官立東山高等小學堂分類謄清

雜役胡廣源工食 乙

三月二十一來

付英洋叁元正 四月份

付英洋壹元正 三月份乙

付錢壹仟六佰弍十文 吋入洋元五角 五月份

付錢壹仟六佰弍十文 吋入洋元五角 仝

共付洋四元正
錢叁千弍佰四十文 前期訖

付訖

雜役汪大福工食

付英洋弍元伍角 七月份訖 因開学時伊未到堂暫僱百根代工五日故扣洋伍角

付英洋叁元正 八月份

付英洋叁元正 九月份

付英洋叁元正 十月份

付英洋叁元正 十一月份

共付英洋拾四元伍角 付訖

下學期

門役程明照工食 乙

付英洋壹元正月份
付英洋弍元仝
付英洋壹元二月份
付英洋伍元仝又二月份
付英洋叁元三月份
共拾弍元
付英洋叁元四月份
付錢壹仟另八十文五月份 入洋壹元
付錢壹仟另八十文仝
付英洋壹元仝 入洋壹元
共付英洋拾陆元正 錢弍千壹伯六十文
前期訖
付英洋叁元六月份
付英洋壹元七月份

按月給英洋叁元正

付洋貳元七月份

付英洋叁元八月份

付英洋叁元九月份

付英洋叁元十月份

付英洋叁元十一月份

付英洋叁元十二月份

共付英洋貳十壹元 付訖

[illegible] [illegible] 十 [illegible] [illegible] 廿 又 [illegible] [illegible] 又 [illegible]

膳費 附茶爐 丙

付洋拾元正

付洋七元正

付洋伍元正

付洋弍十元正

付洋拾元正

付洋伍元正

付洋弍十元正

付錢拾千零四伯文 入洋拾元

共七十七元 拾千另四伯文

付洋七元正

付錢叁千壹伯弍十文 入洋叁元

付洋拾弍元正

付錢八千叁伯弍十文 入洋捌元

[illegible]

每人每日英洋壹角弍分計算

付茶炉錢弍千壹千六伯文 入洋弍十元

以上共付膳費洋壹伯八十四元正

共付膳費錢叁拾九千八伯九十文 入洋卅七元[illegible]弍分

兩共付英洋弍伯弍拾壹元七角弍分

内合各員膳費共叁伯捌拾壹天

除計洋四拾五元七角弍分

學生弍十名膳費共壹仟叁伯拾天

該學生繳洋壹伯另四元八角

除本堂貼洋五拾弍元四角

特班生叁名膳費共壹伯四十四天

除學生繳洋五元七角六分

該本堂貼洋拾壹元伍角弍分

十四 付洋伍元正

廿 付洋六元正

廿三 付洋拾五元正

又 付錢拾弍千九伯六十文 入洋拾弍元

廿五 付洋八元正 共五十叁元 弍十四千四伯文

初三 付洋拾五元正

初七 付洋九元正

又 付錢壹仟另八十文 入洋壹元

初八 付洋伍元正

十三 付洋拾元正

十四 付洋拾五元正

廿 付錢弍千七伯弍十弍文 入洋弍元五角弍分

付錢壹千弍伯九十六文 入洋壹元弍角 共五十四元 五千〇八十八文

縣交等事邑尊来堂隨役膳費共卅八餐

於一計洋壹元伍角弍分

又共付茶炉錢入洋弍拾元正 前朗乞

下學期

廿 付洋拾元

廿三 付洋捌角

共 付洋伍元 共十叁元角

初 付英洋拾七元

付錢叁千弍伯四十文 入洋三元

十三 付洋捌元

十四 付洋拾弍元

廿三 付錢弍千壹伯八十文 入洋弍元

付英洋拾捌元 共五十五元 五千四百文

廿 付英洋拾六元

[illegible]

付錢六千四百八十文 入洋六元
付英洋五元
付英洋弍拾元
付英洋拾弍元 共五十三元 六千四百八十文
付英洋叁元
付英洋四元
付英洋弍十三元
付英洋拾元
付英洋弍元
付英洋拾四元
付英洋卌元 共六十元
付英洋五元
付錢叁千壹伯弍十文 入洋叁元

又共付膳費錢拾八千文 入洋十七元
兩共付英洋叁伯玖拾元零八角八分
內合各員膳費共五伯六十弍天
除討洋六十七元四角四分
學生廿名共膳費弍千叁伯另壹天
該學生繳洋壹伯八十四元另八分
除本堂貼洋玖拾弍元另四分
特班生三名共膳費叁伯拾壹天
除學生繳洋拾弍元四角四分
該本堂貼洋弍十四元八角八分
半夜餐卅起至廿六止共弍十六夜
除討洋四元壹角六分
午膳晚膳加菜四碗廿一起至廿六止共拾壹天

十一 付英洋弍十七元

十二 付英洋弍十元

十四 付英洋拾元

十五 付英洋伍元

廿 付英洋七元

廿 付英洋五元

付錢叁千文 入洋叁元

廿四 付英洋五元四角另叁厘

廿七 付英洋拾弍元

廿九 付英洋弍十五元 共洋卅元四角〇三厘 六千三百廿文

卅日 付英洋六拾八元六角七分七厘

付茶爐英洋弍十元

以上共付膳費英洋叁佰七十二元八角八分

以上計洋四元四角

畢業監考員及邑尊來堂隨役膳費共卅六餐

以上計洋壹元四角四分

又共付茶爐英洋弍十元

付訖

圖書器具

初二	支洋四元五角	禮堂大屏風一具
初七	支洋壹元	禮堂金字牌一塊
又	支洋壹元弍角	大小粉牌弍十塊
十二	支錢壹佰六十八文	小洋鎖弍把 齋舍門用
廿五	支錢叁佰叁拾叁文	銅鎖弍把
又	支錢弍佰八拾文	偕灯照四個
補	支洋壹角七分	鸞翁手買銅鎖一把
廿六	支錢四佰四十八文	洋油手照十六支 學生寢室用
廿七	支錢四十文	銅筆套弍个
廿八	支錢六佰五十五文 〡〤〢〥 共 六元八角七分 壹千九百二十四文	高等小學國文讀本一部
初四	支洋叁角弍分	大板書經一部
又	支洋四角	大板詩經一部

初五	支錢九十弍文	洋油壁灯四文
九	支錢四十文	水罐筆架各一件
共	支洋四元	周椿干做黑板三塊
又	支錢八伯六十四文 此入洋　共四元七角弍分九伯九十六文	仝上
初卅	支錢壹伯弍十文	碗器大印盒一个
又	支錢六十四文	栖茶油
又	支洋六分	絲棉
又	支洋叁角七分弍厘	大興硃叁色 以上四筆做印色用
十四	支洋四元	周椿干做有屜書架兩个
補十三	支洋六角四分	高小筆算一部
廿七	支洋八角九分弍厘	高小筆算教授法一部
	支洋壹元七角	高小理科教授法一部
	支洋四角弍分五厘	平面幾何畫法一冊

支洋弍元九角七分　法意一至六乚部

支洋壹元壹角九分　統計通論乚冊

支洋六角另三厘　蔣智由中學修身乚部

支洋拾元另八角　法政講義乚部

支洋六角六分柒厘　共弍十四元八角九分 另八十四文　以上七筆書籍担力右有科學畾社清帳

自閏二月初二日至五月二十七日上學期內

總支英洋叁拾伍元玖角另玖厘

錢叁仟壹伯另肆文

內含圖書洋弍十元另六角另柒厘錢六百五十五文 癸

器具洋拾五元叁角另弍厘錢弍千四伯四十九文 壬 理

下學期

八月十三　支洋拾元另伍角弍分（容畾書洋弍元八角八分 理化洋七元六角三分）　付科學畾書社化用品及書帳右有細帳

七月廿三　支洋六分五厘　剪刀乚把

廿五　支洋壹角四分四厘　共弍角几厘　紅彔花方洋鉄盤四ㄚ

日期	支出	物品
廿九	支洋壹元	大魚盆拾面
	支錢壹伯九十七文 計小洋弍角	仝上
	支錢弍伯九十四文 計小洋三角	紅彔花茶碗五只
	支錢八十四文	大銅罇弍个
	支錢四十八文	小花籃乙个
初六	支洋弍角弍分弍厘	洋鉄壺弍把
初八	支錢叁拾弍文	小洋鉄灯乙支 路灯内用
十一	支洋弍角	大裁紙刀乙柄
廿一	支錢壹伯六十文	洋鉄灯檠弍支
廿七	支錢叁伯弍十四文	洋油手照拾弍枝 学生寝室用
	支錢弍伯弍十文	長方硯瓦弍個
	支洋叁角四分 共乙元弍角六分 乙千弍百廿八文	小美孚灯乙支
卅	支洋叁角六分	封鏡架乙個

清宣統元年績溪縣官立東山高等小學堂分類謄清

十四　十九　廿　初二　初九　[illegible]　初一

支錢壹百六十文
支錢弍十文
支錢七十文
支錢三十文
支錢八十文
支錢七十文
支洋七角　共乙元〇六分 四卅文
支錢七十文
支洋弍角弍分弍厘
支洋壹角三分五厘　共洋[illegible] 七十文
支錢六十四文
支洋弍角六分四厘
支洋四角八分　共洋[illegible] 六十〇文

洋鉄圓茶葉筒四個
洋鉄洋油漏斗一只
洋鉄信夾一個
洋鉄長方盤一個
銅筆套四個
高洋鉄油灯一支
儀禮章句一部
灯照一个
洋鉄茶壺弍把
灯照弍个
洋鉄大盆弍个
英語類選一部
付水石版弍方

初四 初五 廿三

支洋弍元四角

支洋叁拾叁元壹角七分 合 理化[illegible] 圖書洋[illegible] 器具洋[illegible]

支洋八角三分 共卅[illegible]

自六月十三日至十二月二十三日下學期內

總支 英洋伍拾壹元另伍分弍厘

錢壹千玖佰貳拾貳文

理化用品洋叁拾貳元玖角伍分捌厘

內合器具洋拾元另伍角壹分捌厘錢壹千玖百弍拾弍文

圖書洋柒元伍角柒分陸厘

做碗廚乙張

書籍及理化用品 並另細帳在後科學圖書社帳內

付鏡架弍个

補　　　共

刊印並報費（戊）

支洋弍元	支洋壹元	支洋叁元弍角另九厘	支錢四佰弍十文 入洋四角另四厘	支洋五元	支洋叁元弍角	支洋六元	支錢七佰七拾七文 以作洋	支洋壹元	支錢弍佰另八文 以作洋	支錢八佰弍十六文　共弍七元八角耳 壹千八佰七文	支錢九十六文
付乙照斋 右有細帳	付杖蔡斋刊刻膳費並印訂	排印戊申年出入清帳并洋連紙	百頁帳簿叁本	付戊申年安徽官報	付戊申年政治官報	繳縣署報費 右有細帳 有收条（此次報費均照來单繳付）	仝上	仝上	仝上	付乙照斋	刻第宣統年月日到號戳弍个

古　廿　艸　芒

支錢弍十四文　刻過字對字戳弍个

支洋弍元　付乙照齋

支洋弍角四分　共弍元弍十四角壹伯弍十文　付乙照齋

支錢弍伯文　印刷用排筆乙支

支洋四角　真筆葯水乙瓶

支洋九角五分　愣中臈紙乙筒

支洋弍元弍角　集志愣原紙乙刀

支洋壹角弍分四厘　以上三筆担力 后有科學畜書社細帳

支洋壹元叁角四分　豫倫立憲公會報乙份

支洋四元　還吳通甫契澗滙中外日報館報費

支洋弍角　仝上並单掛號郵票費滙費

支洋四元叁角叁分四厘 閏月在内　付吳通甫本年神州報記

支洋弍角六分　教育雜誌郵票費

廿九

支洋壹角弍分

支錢壹千四伯六十文

支錢十弍文

自二月二十六日至五月二十九日上學期內　共十三元九角弍分 壹千四伯七十弍文

總支　英洋叁拾柒元玖角捌分壹厘

錢叁仟陸伯另叁文

內含　刊印洋拾弍元五角弍分柒厘錢弍千六百十八文

報費洋弍十五元四角五分四厘錢玖百八十五文

十三月

下學期

共

支洋四角弍分六厘

支洋壹角八分五厘

支洋八分九厘

支洋叁分

支洋九分四厘

函寄教育雜誌社單掛號並郵票費　附去本堂印章一本填表一份

付乙照齋訖

刻清字戳乙个

双藍鼎乙刀又廿張　印前期收支報告用

升頁洋連直格簿弍本

刻東山高等官小學堂戳

揁双藍鼎帳簿乙本

升頁双藍鼎帳簿乙本

十二 對手 廿九

支洋壹角叁分四厘　共九十六件
支錢貳佰四十文　共弍百四十文
支洋貳元貳角六分六厘
支洋叁元九角三分六厘
支錢四佰文　共洋六元二角〇二　共四百文
自六月十三日至十二月十二日下學期內
英洋柒元壹角陸分
總支
錢陸佰肆拾文
均刊印

印文憑表冊等共十八種 每種二份送縣轉詳提学憲
官堆紙學生履歷分數表六十張
原紙乙刀並力右有科学畫書社细帳
付乙照斋刊印帳
付仝上右有乙照斋细帳

	消耗品	
廿丁	支洋壹角弍分六厘	火紙洋火烟
	支洋四分	信封信紙
	支洋弍角五分	茶葉
	支洋四元壹角	洋油弍瓶
廿二	支洋壹角	紅燭烟
苗	支錢七十弍文	筆三支
	支錢七十弍文	梅紅紙
	支錢十六文	名片布針線
	支錢七十四文	掃帚六个
	支錢八文	灯草
廿五	支錢六十四文	烟四两
	支錢十四文	線

共	支洋壹角七分六厘	白布八尺
	支錢五佰弍十文	青油四斤半
	支錢九十六文	草紙
初十	支錢壹佰弍十八文	烟半斤
	支錢六十八文	表芯紙芳
	支錢弍十四文	信封
望	支洋弍角五分	茶葉
	支錢六十四文	烟
十二	支錢三十弍文	烟
十八	支洋壹角弍分五厘	細茶葉
	支錢壹佰六十四文	欠繩火紙烟
補初十	支錢六十四文	烟
補十	支錢六佰六十四文	洋伙連 印招生廣告用

	支錢弍佰十文	麵 貼招生廣告用
	支錢四十八文	仝上用棕帚一个
廿	支錢九十文	茶葉
	支錢九十六文	茶葉 烟
補清明	支錢弍佰十弍文	明照手办清明紙箔香
初六	支錢壹佰六十文	茶葉半斤
	支錢六十四文	烟
初九	支錢壹佰十一文	茶食四色
	支錢八文	麵
初十	支錢壹佰弍十八文	青油一斤
十二	支錢三十弍文	草紙一刀
	支錢七文	洋火
十六	支錢弍十文	茶葉

日期	支出	品名
	支錢贰十文	上料紙
廿一	支錢壹伯七十六文	茶葉半斤
補	支錢四十贰文 入洋四分	鸞翁手買梅仝三封 以上共文3568 入洋3.431
廿二	支錢八文	麥粉
廿三	支洋壹元	青油九斤
	支洋五角	茶葉贰斤
	支錢八十文	南屏贰刀
	支錢六十四文	煙四兩
	支錢六十文	草紙贰刀
	支錢五十四文	洋火贰打
廿五	支錢九十六文	煙六兩
	支洋伍角	上料紙贰刀
	支錢贰十七文	仝上

日期	支出	物品
	支錢壹伯五十六文	洋連紙弍十張
廿六	支錢八十四文	稟帖六个
廿七	支錢八十四文	七紫三羊乚支
	支錢六十文	洋信紙
	支錢壹伯文	洋信封
廿八	支錢八文	麦粉
	支錢八十四文	大畨紙弍張 一試驗英文 一寫學生名
廿九	支錢四十弍文 共拾元〇柒角壹千〇乙文	大畨紙乚張 編各表
補三十	支錢壹伯弍十文	筆五支
	支錢六十文	烟
	支錢弍十七文	紅紙 以上三筆還三月二十以前周硯全墊款
初四	支洋叁元九角	老牌洋油乚木
	支洋壹元伍角	茶葉六斤

初八	支錢六十四文	煙四兩
	支錢三十三文	洋火一打
十三	支錢八十文	火紙貳刀
	支洋壹分六厘	紅紙
	支錢壹伯貳十八文	烟半斤
	支錢八文	灯草
十五	支錢九十九文	蚊虫香卅三箍
十九	支錢貳伯罒十文	淂意書十支
	支錢九十六文	京庄水筆貳支 寫一覽表
	支錢五十文	洋皮紙卅丁
廿	支錢六十四文	煙四兩
	支錢六十六文	洋火貳打
	支洋八分	大畫紙貳張 一編履歷表送縣 一預科試驗英文

支錢叁拾文　蒼朮白芷

廿三　支錢六十四文　煙四兩

廿四　支錢九十八文　複寫紙三張

廿五　支洋五分六重　草紙弍刀

廿六　支洋八分　大畚紙弍張　編課程考期表又收支月報表

廿八　支錢六十四文　共伍元六角一分　壹千三百九十文　煙四兩

初二　支洋弍角八分八重　五錢潄金墨六塊

支洋弍角伍分　茶葉乚斤

支錢六十四文　煙四兩

初四　支洋七角弍分　大畚紙十八張　前期考試畚畫卷方教員去

支洋五分　橡皮鉛筆乚支

支錢叁拾文　蒼朮白芷

初七　支洋伍角　青油四斤半

日期	物品	支出
	火紙弍刀	支洋七分四厘
	蚊虫香	支錢六十文
	草紙一刀	支洋弍分八厘
	平和茶絲煙	支錢壹佰文
初八	大畨紙一張 編預祘表六份送縣	支洋四分
初十	洋火一打	支錢三十三文
十一	煙四两	支錢六十四文
十三	洋油叁斤	支洋弍角弍分八厘
	洋連紙五張 做一覧表皮	支錢四十文
	大畨紙四張 暑假編各表用	支洋壹角六分
廿一	洋連紙五張 做一覧表皮	支錢四十文
廿二	梅紅紙	支錢十四文
廿三	夫士紙半 元前期做考試英文卷	支洋伍角伍分

下學期

支洋壹角弍分　洋糊一瓶

支洋弍分四厘　共三元○二角　四百四十五文　以上兩筆担力　后有科學圖書社細帳

自二月二十一日至五月二十七日上學期內

總支　英洋拾玖元弍角陸分弍厘

錢弍千捌佰叁拾柒文

二月初二　支錢九十六文　得意書四支

十三　支錢十六文　共壹百十弍文　洋連紙弍張　造四柱冊用

廿一　○支洋捌角壹分七厘　計小洋九角　入雜用　峕人往歙城送陳佐治官信　為澗沐學生事

廿五　○支錢八十四文　入雜用　由郵局票郡尊郵費並單掛號　事由仝上

七月十五　支錢壹佰五十四文　叶德源箱一把

支錢七十六文　元有生紙十刀

支錢三文　白香一支

支錢四十五文　求附恰豆付一塊　以上四筆施食用

廿

支錢九十六文	洋連紙十弍張
支錢六十四文	煙四兩
支錢拾文	灯草
支錢叁十弍文	蒼朮白芷
支洋弍元	茶葉八斤
支洋壹元七角伍分	油洋山瓶
支洋弍角叁分	表芯紙五刀
支洋壹角伍分	草紙五刀
支洋五分四厘	洋火弍包
支洋弍元	青油十七斤
支錢壹百六十文	掃帚拾个
支錢八十八文	平和茶絲煙
支錢四十八文	筆弍支

廿三

	支錢壹百文	蚊虫香
	支洋壹角壹分	洋庄紙洋信封各卅个
	支洋叁角八分	双藍鼎一刀
	支洋弍角八分	上料一刀
廿九	支錢十弍文	手摺一个
	支錢五十六文	平和条丝煙
	支錢八十四文　共六元九角廿外一千〇廿八文	七紫三羊一支
初二	支錢六十四文	烟四两
初三	支洋六角四分	弍苯銀硃四两
	支洋叁角六分	浔意書廿枝
	支錢九十文	蚊虫香
初四	支錢壹伯弍十文	平和煙四两
初五	支錢八文	灰面

日期	支出	品名
	支洋壹元七角伍分	双英洋油乙瓶
芭	支錢弍十四文	洋綠
茺	支錢壹佰弍十八文	条丝煙八两
	支錢十四文	洋火四匣
土	支錢壹佰弍十文	蚊虫香
卣	支洋壹角壹分弍厘	洋火四打
	支洋伍角四分	上料紙弍刀
	支洋叁分弍厘	棉紙四張
艺	支錢八十四文	五紫五羊乙支 馬堂長用
	支錢十六文	洋連紙弍張
補廿	支洋壹角零四厘	条丝烟半斤
苬	支錢九十文	蚊虫香
	支洋壹元九角伍分	老牌油乙瓶

日期	支出	貨物
廿六	支錢壹佰弍十文	蚊虫香
	支錢壹佰弍十文	平和烟
廿九	支錢弍十四文	灯草
補十二	支洋壹角弍分 共五元一角○八厘 一千○弍十文	綠鉛筆弍支 方鄭敎員用
十三	支錢四十文	稟帖
	支錢三十弍文	洋火
	支錢六十四文	烟
	支洋壹元九角五分	老牌美孚洋油一瓶
	支洋弍角叁分	表芯五刀
	支洋壹角四分五厘	草紙五刀
	支洋弍元弍角五分	茶葉九斤
十四	支洋壹元七角五分	新牌洋油一瓶
十六	支洋壹角六分八厘	洋火六包

支 廿 共 廿 共 對

支錢壹百貳十文
支錢壹百貳十八文
支洋壹角貳分
支洋五角五分
支洋四角
支錢八文
支洋壹元
支洋壹元七角五分
支錢壹佰貳十八文
支錢壹佰貳十文 共十元〇八角錢四十文
支洋壹元七角五分
支洋貳角
支洋叁角貳分四厘

平和烟四兩
条絲烟半斤
草紙四刀
上料貳刀
皮絲烟半包 馬堂長
麥粉
青油九斤
双龍洋油一箱
条絲煙半斤
平和煙四兩
双龍洋油一瓶
還煥文齋八月內天然墨一盒
又蘭花大紙五刀

清宣統元年績溪縣官立東山高等小學堂分類謄清

	支洋弍角弍分弍厘	得意書拾支
初九	支洋弍角弍分	料炭四十四斤
	支洋壹角七分三厘	洋連紙廿張
初十	支洋弍角叁分	表芯五刀
十一	支洋壹角弍分叁厘	条絲煙半斤
十三	支洋弍角七分七厘	細茶葉半斤
十四	支洋五角五分	上料弍刀
十六	支洋叁元五角	双龍洋油弍瓶
	支洋陸角四分四厘	料炭百廿斤
十九	支洋壹角弍分三厘	条絲煙半斤
	支洋壹角五分	草紙五刀
廿	支錢十六文	灯草
廿一	支洋壹角壹分五厘	平和煙四两

共　共　對

[illegible]　[illegible]

鉛筆二支	支洋六分八厘
五紫五羊二支	支錢八十四文
燈帶	支錢三十六文
条絲煙半斤	支洋壹角弍分三厘
青油	支洋壹元
茶葉	支洋壹元
双英洋油二瓶	支洋壹元七角五分
料炭百十斤	支洋五角九分叁厘
麥粉	支錢三十弍文
信封信紙	支洋壹角五分
彩鉛筆二支官封四个	支錢七十弍文
平和煙	支洋壹角壹分五厘
細茶葉十兩	支洋四角壹分六厘

共八元壹角六分
共百卅六文

日	支	項目
十二	支洋壹元五角七分	料炭〥〇弍斤
	支錢壹佰弍十文	香奇煙
	支錢六十四文	條絲煙兩
十四	支錢弍佰四十文	得意書十枝
	支洋壹元七角五分	双英洋油一瓶
	支洋弍角	華瀫金墨四塊
十五	支錢壹佰弍十文	平和煙
	支洋九分六釐	草紙三刀
	支洋壹元弍角四分四釐	付還財政局紙五筆鉛筆帳
	支錢壹佰弍十八文	條絲煙半斤
	支錢四佰三十弍文	細茶葉十兩
十七	支錢壹佰弍十文	棉紙
廿	支錢三十弍文	稟帖

廿一	廿二	廿五		廿九

支錢弍十八文　洋火乙包

支洋壹元七角五分　新牌洋油乙箱

支錢四文　灯草

支錢壹佰廿八文　条絲煙

支錢壹佰六十文　皮絲煙

支錢壹佰四十四文　細茶葉四

支錢貳十八文　共[illegible]　洋火乙包

支洋八角壹分四厘　共[illegible]　洋糊大士格紙並力　後有科学圖書社細帳

自六月初二日至十二月初五日下學期內

總支　英洋肆拾肆元壹角壹分伍厘
錢肆千柒佰玖拾文

雜用

廿一	支錢叁伯文	鉄匠打雜
	支錢四十八文	搬舖盖力
廿三	支錢九伯六十文	磚匠四工 築炉灶修理東边斋舍屋漏并開門 闕
廿六	支錢弍伯四十文	洋鉄壺弍把
	支錢弍十四文	修洋油箱
	支錢叁十弍文	修水桶
	支錢八十文	種梧桐樹工錢
初二	支錢三十文	大洋釘
	支錢弍十四文	小洋釘
	支錢弍伯四十文	僱人往瀛川吳家坑送信
初三	支洋四元	禮房津貼 右有細帳 張春如去
補	支錢壹千文	方鉴祿往屯溪鄭村工錢 函請教員

廿丁

周觀全往黟縣請方教員工食	支錢壹仟五佰文
二次專人往屯溪葉邑尊送程月如閱書	支錢七佰文
貼格生廣告工食	支錢壹千四佰文
專人往嶺北催学生來堂	支錢四佰八十文
修銅鎖　以上共支錢7142 入洋6.868	支錢八十四文
蜜棗三兩	支錢六十文
姜汁蕉弍兩	支錢十八文
蛋蕉六塊	支錢弍十四文
洋寸弍兩	支錢十八文
瓜子四兩	支錢三十弍文
糖棗弍兩	支錢十七文
酥糖六包	支錢三十文
足兩五錢紅燭各弍對	支錢五十四文

	支錢十二文	官香四束
	支洋四元	忼酒筵弍席 一請桂邑尊 一請各教員
	支洋八角	中席乚桌
	支錢八十四文	民壯弍名折面弍碗 以上二筆行開學禮用
廿三	支錢七十八文	余藍布三尺 做書布
廿六	支錢三十弍文	頭繩洋釘
廿七	支錢壹佰九十弍文	給縣茶房酒資 二十一日服侍官酒席
	支錢三十弍文	修灯照並茶碗盖
廿八	支錢弍十四文	函寄蕪湖办書郵費
	支錢壹佰九十弍文 共拾五元零錢八佰九十九文	撥還黃宗培繳財政處書價
廿九 補	支錢壹佰五十文	對酒十子
	支錢壹佰弍十文	五瓜皮酒 以上兩筆補行開學禮用
卅甲	支錢弍十四文	函寄蕪湖办化学用品郵費

日期	支出	事由
	支洋壹元	修自鳴鐘大小三座
	支錢壹佰九十六文 計小洋弍角	仝上
十二	支錢弍十四文	椽釘
	支錢壹佰八十三文	縴繩九两 以上兩筆敎科教室掛黑板用
	支錢壹佰另六文	修標本箱牆鎖并打鎖匙
	支洋壹角壹分八厘 共壹元弍角八伯叁文	余白布五尺六寸
廿四	支錢弍千七佰文	貼廚房端午办菜五席 計六大六小壘 係例每席貼洋
	支錢八佰文	貼搭橋
端午	支錢叁佰九十弍文 計小洋四角	照例給縣茶房節規
初六	支錢弍佰六十四文	嵩轎至仁里請胡堂長
	支錢壹佰四十文	嵩轎至仁里請程教員未坐
	支錢三十六文	王視学由堂回城輿金
	支錢六十四文	切面 曹尚友君等夜膳 以上四筆為胡昭宣等事用

初八 支錢壹千六百弍十文
支洋弍元
支洋壹角七分
十四 支錢六十文
支洋四角
支洋弍角八分八厘
支洋叁角弍分
支錢八伯文
廿四 支錢弍伯九十六文 計小洋叁角
廿五 支洋四元
支洋弍元
支錢壹什〇〇八文
廿九 支錢四伯文

共九元千八八十[illegible]分文

貼厨房暑假办菜三席 照舊例
沆酒筵一席
茶食七色 以上二筆請邑尊學期考試是日因水漲橋圮未到堂
臘酒三壺
熱炒四个
面圓八个
火腿面五碗 以上四筆邑尊来堂考叁午膳
貼搭橋
修小自鳴鐘 在講堂間壞
禮房津貼程德貴去
胡堂長往来轎金 共十二次
仝上 星期一往思誠星期五回東山
嵩人往嶺北送信 為胡怡園等事

自二月二十四日至五月二十九日上學期內

總支 英洋弍拾伍元玖角陸分肆厘
錢拾仟另弍伯捌拾弍文

酒筵洋柒元九角七分八厘錢四千八百四十九文

內合 暫僱夫役洋八元四角五分錢弍千另四十文

津貼禮房洋八元正

雜項洋壹元五角三分六厘錢叁千叁百九十三文

下學期

六月廿一 支洋捌角壹分七厘 計小洋九角 耑人往歙城送陳佐治官信 為淘汰學生事

廿五 支錢八十四文 共半年八十四文 由郵局稟部尊郵費並单掛號 理由仝上

七月十五 支洋捌角 裱歷史掛畫五幅

廿 支錢四十八文 搬方教員鋪盖力

廿 支洋六分八厘 足兩紅燭四对

廿二 支洋壹分弍厘 大官香四箍

清宣統元年績溪縣官立東山高等小學堂分類謄清

支洋壹角七分	茶食七樣
支洋弍角伍分九厘	臘酒十四壺
支錢壹百六十文	五爪皮酒
支洋弍元四角	館菜一席用冰連芘肚
支洋八角	中席一棹
支錢七十弍文	民壯祈面弍碗（以上八筆行開學礼用是日 桂邑尊亦到堂）
支錢弍十四文	丞寄屯溪办書郵費
支錢弍伯文	二次嵩仝至仁里胡子承處攜取（財政處憑摺）
支洋四角	熱炒四个
支洋弍角八分八厘	面圓八个
支洋弍角五分六厘	火腿面四碗
支洋壹角壹分八厘	五爪皮酒一斤
支洋八分	蜜枣四两

共　衍　　留　存　　菽

支洋叁分

支洋叁分弍厘

支洋叁分六厘

支錢伍伯文

支錢壹伯六十六文　共五元[illegible]

支錢九十六文

支錢壹伯文

支洋六分

支洋柒分四厘

支錢叁拾弍文

支洋弍元伍角

支洋四角

支洋八角

京枣四两

瓜子四两

頂重月餅弍个　以上八筆邑尊來堂午膳

百根打雜五工　廿三至廿五日

余白布七尺　揩黑板用

修水桶弍只

修大菜籃弍只

修檻窗門

月弁四个

筷一大把

貼厨房杂菜五席

又添飯菜四碗並五瓜皮燒上　邑尊席

又中席一桌　邑尊隨役

九　廿　苙　仐

支錢三十弍文	支錢壹百弍十文	支錢壹百弍十文	支錢叁百弍十八文	支洋八分六厘　共洋[illegible] 錢四十四文	支洋弍元四角	支錢弍伯四十文	支錢五十六文	支洋六角叁分六厘 計小洋五	支錢弍十四文	支洋叁角六分叁厘 計小洋四	支錢弍伯五十弍文	支錢壹伯四十四文
糖色[illegible]只 以上四筆請邑尊午膳	麥粉一斤 香椿四两	五瓜皮燒一斤	亥弍斤	糕餅四色 以上三筆請馬堂長是日桂邑尊亦到堂	館菜一席	五瓜皮燒弍斤	香燭	修自鳴鐘 輪盤壞	函寄蕪湖办理化用品郵費	照例給縣茶房節規	轎夫折面七碗 此筆因請邑尊過節作為特別支給下不為例	民壮折面四碗 舊例請邑尊酒席每名祇給面一碗因節上討加倍

共對

支錢壹百八十文	五瓜皮燒一斤半
支錢弍十文	甲酒弍斤
支洋弍元四角	館菜一席
支洋八角	中席一席
支洋弍角	茶食七樣 以上五筆請皖省教育會調查員汪君暨
支洋弍元	馬堂長經手支用
支洋壹元	旅行石照寺給和尚柴火茶錢
支錢壹百文	在石照寺僱人進城喚照相酒錢
支洋弍元	補中秋全堂照討相
支洋壹元四角四分	另洗相片四張 送邑尊各教員
支錢弍十四文 共九元八角四分九百廿四文	函寄蕪湖文憑郵費
支洋弍角九分弍厘	補九月廿日炒面弍盤
支洋壹角壹分弍厘	又五瓜皮燒一斤 以上二筆請許省視学

初六	支洋四角	還煥文斋八月內細茶葉十弍斤
初九	支洋四分	庚戌年歷書乙本
	支洋九分弍厘	粗花缽弍個
初十	支錢弍十四文	鑚乙丁
十二	支錢卅文	小炉灶乙只
十五	支洋弍角壹分四厘	正簡一把紙十刀香燭
	支錢五十七文	米餅哈酒豆付 以上二筆施食用
十九	支洋壹角三分弍厘 共乙元𠦃八斗 二百十二文	余白布六尺 揩黑板并厨房用
初廿	支錢九十六文	鉄鎖脾並拉圈各乙副 釘碗厨用
	支洋壹角三分六厘	茶食四色
	支洋弍角四分七厘	五瓜皮燒弍斜
	支洋弍元	館菜乙席
	支錢七十弍文	民壯折面弍碗

日	支出	事由
	支錢四伯文	折中席二人 以上五筆甲班期考用是日桂邑尊到堂
十三	支錢五十六文	畫畫釘
	支錢壹伯四十文	銀硃乙色 做印色
十四	支洋四元五角	全堂照付相
	支洋弍元八角	另洗相片四張 堂長教員各乙張
	支洋弍元	給縣署隨封 向例每年給錢六百文因本年邑尊兩堂長又本畢業往來多次故從優給發不為例
	支錢三百六十文 計小洋四角	修大自鳴鐘 不走
	支錢三百十六文	紙箔香燭大炮紅紙
廿	支錢五十六文	目下乙斤
	支錢壹伯八十文	魚乙尾
	支錢弍伯弍十文	雄鷄乙只
	支錢十文 共柒伯八十弍文	水酒乙壺 以上五筆謝神用
初五	支錢弍十四文	函寄安徽實業報館郵費

清宣統元年績溪縣官立東山高等小學堂分類謄清

廿 支錢七文

廿三 支洋陸元

支錢四十四文

除夕 支洋壹元 共七元 五十一文

自六月二十一日至十二月三十日上學期內

總支 英洋肆拾叁元陸角玖分 錢伍千貳佰拾陸文

酒筵 酒洋拾柒元叁角壹分陸厘錢貳千壹佰四拾文 （庚）

內合 暫僱夫役洋捌角壹分柒厘錢捌佰四拾捌文 （辛）

禮房津貼洋陸元 （壬）

雜項洋拾玖元伍角伍分柒厘錢貳千貳佰貳拾捌文 （癸）

（癸）水膠 粘鐘架

（壬）津貼禮房 另有細帳

（癸）紅燭四兩 新年點大門灯

（癸）給縣茶房年節規 向例給小洋兩角，因本年邑尊與學長又分畢業往來多次，故從優給，後不為例

卄乃　廿斗

清理東山帳務處○局設教育會

付英洋弍十元正

付英洋弍十乚元○七分五厘付訖

照清訖另有細帳一本發来存堂

報費細帳

政治官報 全年九元六角 一日一册

前已收至本年元月二十日第四伯六十號止

廿一亍

付繳葉邑尊英洋弍元〇八分 卯年封第四百已號至本年卅帀第四百六十號訖

本年元月二十一日第四伯六十一號起至十一月十六日第七百八十一號止共收到叁伯弍十一册

未繳價

安徽官報 每月一元 十日一册

前已收至本年二月三十日第三十九期止

廿二亍

付繳葉邑尊英洋叁元 卯年卅卅第卅九期至本年卅第卅八期訖

本年二月三十日第三十九期起至十月三十日第六十六期止共收到弍十八本未繳價

廿亍

南洋官報 每月七角 五日一册

前已收至本年三月初十日第十七期止

付繳葉邑尊英匯元半角 忭第一期至坿第十期訖

本年三月初十日第十一期起至十二月二十日第八十三期止共收到六十三本未繳價

廿亍

學部官報 全年四元 十日一册

前已收至忭十二月十二日第七十四期止

付繳葉邑尊英洋伍角 忭坿第六十九期至廿第七十六期訖

本年自忭十二月初一日第七十三期起至元年六月二十一日止共收第九十九期止共收到式十七本未繳價

報費細帳

安徽學務雜誌 全年三元 共出十冊

前已收至卅年五月十五日第三期止

廿三 付繳葉邑尊英洋元柒 卅年卅一第一期至卅一五第四期訖

本年收卅年第五期一本 元年第三期四期五期三本 總共四本未繳價

中外日報 全年祇付郵費洋四元 閏月照加

前已收至本年三月十二日止

廿七 付英洋四元續办元年份

此洋四月初九日由吳通甫君代滙去故於

本日支出归還

廿九

神州日報 照中外報價 在英通甫君處办

付英洋四元叁角二分 本年並閏月訖

廿七

教育雜誌 全年祇付郵費洋弍角六分連閏月

付郵票十三張 本年訖

付訖

廿七

立憲公會報 全年連郵費洋壹元叁角四分

付英洋壹元叁角四分 本年並閏月訖

付訖

禮房細帳

[illegible] [illegible] [illegible]

禮房津貼 舊例每全年共給洋拾四元

付張春如英洋四元正

付程德貴英洋四元正

付程德貴英洋叁元正

付張春如英洋叁元正 付訖

書籍細帳

甲到
乙先

科學圖書社

碼	書名	甲乙		價
[illegible]	高小筆算全拾部	乙	訖	洋六元八角
[illegible]	又教授法壹部	甲	訖	洋八角九分弍厘
[illegible]	高小理科壹部	乙	訖	洋六角八分
[illegible]	又教授法壹部	甲	訖	洋元七角
[illegible]	平面幾何畫法拾弍部	乙甲	訖	洋五元壹角（甲 一部 [illegible]；乙 十一部 四元[illegible]）
[illegible]	法意一至六壹部	甲	文	洋弍元九角七分
[illegible]	統計通論壹本	甲	訖	洋元壹角九分
[illegible]	高小國文壹部	乙	訖	洋五角九分五厘
[illegible]	正續古文辭類纂壹部	乙	訖	洋元另弍分
[illegible]	孝經新体讀本弍部	乙	訖	洋叁角四分
[illegible]	蔣智由修身壹部	甲	訖	洋六角〇叁厘
[illegible]	華英國学文編拾本	乙	訖	洋弍元壹角弍分五厘

甲自办
乙代办 符號

卄	英文法程初拾部	乙	文	洋六元七角五分
〣〤	英語類選一二拾弍部	乙	註	叁元另六分
[illegible]	代數因子分解詳草弍本	乙	註	五角壹分
[illegible]	華英新字典壹部	乙	文	洋七元叁角五分
[illegible]	康熙字典壹部	乙	註	洋五角九分五厘
[illegible]	法政講義壹部	甲	文	洋拾元另八角
[illegible]	中国分省暗射圖壹套	乙	註	洋五角九分五厘
[illegible]	豫備立憲報五份	乙甲	入	洋六元七角 甲一份一元[illegible] 乙四份五元[illegible]
[illegible]	大抄本洋紙四十本	丙	入	洋壹元八角
[illegible]	廿小晶紙卅張	乙	入	洋四角五分
[illegible]	真華葯水壹瓶	甲	入	洋四角
[illegible]	夫士格紙半元	甲	入	洋五角五分
[illegible]	小橡皮壹打	乙	入	洋六角

㨊中膈紙壹筒　甲　入　洋九角五分

集志㨊泉紙壹刀　甲　入　洋弍元弍角

洋糊壹瓶　甲　入　洋壹角弍分

長竹製尺壹支　乙　入　洋弍角

東羅紋封弍盒　乙　入　洋五角六分

代力五十六斤　乙甲　付　洋壹元九角六分　乙甲　合

共計英洋陸拾四元壹角六分五厘

內合　本堂洋弍拾元壹角四分　又力洋八角壹分五厘

代办洋叁十九元弍角壹分力在内

付英洋叁拾九元弍角壹分

付英洋弍拾四元玖角五分五厘　以上两訖　付訖

五月廿日

初小手工教科書壹本　訖　洋八角五分

下學期補料到

高小商業教科書壹部二冊　訖　洋弍角壹分弍厘

高小農業教科書壹部 二册	計	洋弍角五分五厘
商業簿記教科書壹部	計	洋六角八分
農話壹本	計	洋八分五厘
大小軟木塞念个	入	洋五角弍分
大漏斗壹只	入	洋四角弍分
玻璃棒拾支	入	洋五角六分
燒勺壹支	入	洋壹角四分
角匙壹只	入	洋壹角七分
三角鑪壹支	入	洋四角弍分
分度玻璃瓶100只	入	洋壹元五角六分
平底燒瓶叁只	入	洋七角弍分
硝酸壹瓶	入	洋八角
硫酸弍瓶	入	洋壹元壹角六分

鉀綠三壹瓶　入　叁角八分

鎂帶叁尺　入　洋壹角九分弍厘

鉛壹盒　入　洋四角

里紙母司壹瓶　入　洋叁角四分

試筒刷壹支　入　洋壹角五分六厘

陳棍中等算術詳草壹部　訖　洋四角弍分五厘

代力　洋五角

共計英洋拾元另玖角四分五厘

內合　本堂洋拾元另五角弍分

代办洋四角弍分五厘

付英洋拾元另玖角四分伍厘　以上兩訖

初作文教科書一二兩冊　訖　洋八分

文教授法一二兩冊　訖　洋[illegible]〇弍厘

六月十二日

七月二十二日收到

付

〡〤	初國語教科書四本	结	洋五角壹分
	代力		洋叁分
	共計英洋柒角弍分柒重		
十二本到 卅	高小商業教科書〡二玖部	八折	洋壹元八角
〡〤	初作文一二弍部		洋壹角六分
〡〤	華英初階〡本		洋八分
卅	國民讀本七部		洋〡元九角六分
〨〤	人羣進化論〡部		洋四角
卅	中國現勢論〡部		洋四角四分
卅	人生地理学〡部		洋弍元
〢〤	代數因子分解詳草六部		洋〢元四角四分
〨〤	高小中外地圖四冊		洋〡元六角
卅	楞泉紙壹百張	入	洋弍元弍角

又

18長規乚支	入	洋壹角五分
卅生的密達尺乚支	入	洋弍角
東洋糊叁瓶	入	洋叁角六分（弍瓶 [illegible]；乚瓶 [illegible]）
夫士格紙五打	入	洋半五分
鉀弍瓶	入	洋六角四分
試驗筒拾个	入	洋四角
大小橡皮塞五个	入	洋乚元弍角
代鐘乚支	入	洋四元
代力弍十〇半斤	付	洋七角壹分七厘　合 [illegible]
共計洋弍十元另弍角九分七厘	内合	本堂洋玖元伍角七分；代办洋拾元另七角弍分七厘
小代數乚部	以下均八折	洋乚元弍角
小代數詳式乚部		洋六角四分
陳文算術詳草乚部		洋弍角八分
算術難問三百題乚部		洋五角四分四厘

清宣統元年績溪縣官立東山高等小學堂分類謄清

文

渓文典一部　洋八角

初小作文一二弍部　洋壹角六分

五彩精圖方字一盒　洋六角四分

晀大抄本叁十本　入　洋壹元叁角五分

代力八斤　原　洋弍角八分　甲乙合六分 [illegible]

共計洋五元八角九分四厘　内合本堂洋乙元弍角六分 代加 [illegible]

音文弍具　入　洋六元五角

鉄絲綱一方　入　洋六分

三脚架一个　入　洋壹角六分

曲頸甑架一个　入　洋弍元六角

玻管十支　入　洋叁角

取氣玻瓶叁只　入　洋八角四分

燒瓶〃〃拾只　入　洋弍元四角

燒瓶四盞五只 入 洋壹元
鹽酸鉀四盞一盒 入 洋四角五分
鈉弍瓶 入 洋七角
鉀弍瓶 入 洋四元八角
鹽酸一瓶 入 洋六角四分
碘酒一瓶 入 洋五角六分
鉀綠弍盎一瓶 入 洋叁角四分
甘油弍盎一瓶 入 洋叁角弍分
代力十七斤 示 洋五角九分五厘
共計洋弍十弍元弍角六分五厘
修業文憑一冊五十張 入 洋弍元四角
畢業文憑拾張 入 洋弍元四角
漢文典一部 三 洋[illegible]

對

代力一千三百十六文

共計洋五元七角叁分二厘

原洋半二千

內合　本堂四元九半　代办八半二千

合計

對起至對止共來貨洋伍拾四元九角壹分四厘

付英洋五拾四元九角壹分四厘

以上總記

廿一

乙照齋

付英洋弍元　附申錢弍千〇八十文

收暜課簿丗頁叁本　[illegible]文

收查核簿卅頁弍本　[illegible]文

收学績表丗頁拾本　[illegible]文

收週錄表卅頁拾本　[illegible]文

收時間表[illegible]張　[illegible]文

收刻己酉方字戳弍个　[illegible]文

收刻腰式英文戳一个　[illegible]文

收殯卷四十本　[illegible]文

收又格四十四張　以上蓮手办　[illegible]文

收学籍表廿張　[illegible]文

收每月考試分數表弍十張　[illegible]文

廿六

十四

收訂正牘表廿頁弍本　[illegible]文

收訂藍直格簿卅頁四本　[illegible]文

付英洋弍元　附申錢弍千[illegible]文

十五

收一覽表卅張　[illegible]文

廿

付英洋弍角　附申錢[illegible]九文

廿三

收双藍鼎卷格字張　[illegible]文

收洋連紙修業憑廿張　光緒卅小學堂統計　[illegible]文

收卷套弍十四个　[illegible]文

收𡿨双藍鼎紙八十張　[illegible]文

收𡿨双藍鼎紙[illegible]張　[illegible]文

初十

收又卷格[illegible]張　[illegible]文

十五

收排印六項表廿張　紙官堆　[illegible]文

清宣統元年績溪縣官立東山高等小學堂分類謄清

圭 塑

收学年考試分数表弍十張　乇〤十文
收假簿廿頁〡本　乇〧〤文
收刻帳房戳〡个計十字　乇〧廿文
收刻鄭字戳〡个　乇十弍文
收時間表廿張　乇廿〡文
收志願保証書弍十張　乇弍十文
共計錢弍千九百〥六文
付錢八佰弍十六文　上西訖　付訖
收上料格紙〧張　乇〥〤十文
收訂帳課本廿本双藍鼎　〥千〥文
收訂対百頁帳簿弍本双藍鼎　洋〤十　全432
收又又廿頁又又本　全　洋〡十　全105
收刻孟績表〡塊　乇〦廿〤文

芒

收又保切結〧張　全　乇〧廿文
收刻天干小戳十个　乇〧〤十文
收対双藍鼎廿頁簿〡本　乇〧文
收刻財書膳收付訖戳六个　乇九十六文
共計錢五千〥〇七文
內合本堂〤千〥〇七文　代办〡千〥文
付錢〡千〥文
付小洋拾角入錢〥千文
付鈔六十枚入錢〤千文　上西訖　付訖

蔚

收週録表廿頁五本　乇〥〢十文
收學績表廿頁五本　乇〥〢十文
收督課簿廿頁弍本　乇〧九十二文
收每月考試分數表叁拾張　乇〦十文

丰　　苗　　殼 封 時

收訂材貨上料簿六本　去二百十文
收刻農学戳一个　去廿八文
收刻商業戳一个　去廿八文
收一覽表卅張　去百卅文
收時間表五十張　去卅一文
收刻馬字戳一个　去十文
收刻報到戳一个　去弍十八文
收訂催宮綠直格卅簿弍本（馬堂長用）　去二百文
收刻月分期考表一塊　去一千二百九文
收印月分期考表卅張　去百文
收双炉卷格紙百卅張　去百八十五文
收財双炉紙七十張　去四十九文
收財双炉紙五十弍張　去七十一文

對

付英洋伍元 仟中
付錢四佰文
以上兩花 付訖

收卷套四十个　〻八十一文

收換刻卷面籤条班字　〻卅二文

收刻单字戳十八个　〻叁八文

收刻畢業卷面籤条連二塊　〻叁升二文

收洋連紙畢業英文畫大卷面十六个　〻ㄋ文

收又畢業卷面八十四个　〻叁升二文

收畢業双炉卷格叁升張　〻叁廿五文

收畢業坊双炉紙卅張　〻廿一文

收訂畢業卷八十二本　二〻ㄋ六十〇文

收切英文畫畫紙　〻升一文

收刻封条板二塊　〻三ㄋ廿文

收印封条八十八張　〻四十四文

共計錢伍千六佰叁拾二文

修理

支洋五角四分五厘 計小洋六角 共串界

支洋叁元壹角五分

支錢五伯八十八文

支洋七角七分八厘

支洋弍角另弍厘

支錢三十文

支錢四百弍十文

支錢壹佰拾弍文

支錢四伯八十文

支錢七十文

支錢壹伯弍十八文 共四元弍二分 乙千八廿八文

支洋四元八角弍分

松樹弍根

付合丹塢瓦弍千壹伯片

付瓦力

椽十弍丈

椽釘乙斤~~壹~~

大釘八卅只

石灰乙伯五拾斤

自修室檻門打鉄機骨四付

另修自修室檻門并換料

木匠弍工 做樹条剑椽并修自修室檻門

桐油乙斤

付磚匠工 后有細帳

自八月十四日至十一月十三日下學期内

總支 英洋玖元肆角玖分伍厘

錢壹千捌佰貳拾捌文

對封 支廿廿兰尚

己酉下學期甲班畢業雜用

大梅紅紙拾張 印畢業照	支洋壹角叁分五厘 共[illegible]
茶食七色	支洋叁角壹分山厘
館菜山席	支洋弍元
五瓜皮燒弍升	支錢弍百五十四文
民壯折面弍碗	支錢七十弍文
折中席支 以上五筆甲班畢業考用是日 桂邑尊王 子乾周寫堂章蓋臣到堂	支錢六百文
官堆紙弍張 做畢業憑存根	支錢弍十文
信封 散發用	支錢六十文
大嗇紙弍張 編各表	支洋八分
余紅布弍文 做彩用	支洋五角弍分
鉄釘錢串	支錢十八文
香燭	支洋九分六厘

對　十二

支洋弍角乙分　茶食
支洋六角　對酒四十子
支洋十弍元　館菜六席
支洋八角　中席乙棹
支錢八伯文　給巡警勇四名折中席
支錢四伯八十文　五瓜皮燒四斤
支錢七十弍文　民壯折面弍碗
支錢弍伯五十弍文　轎夫折面七碗
支洋四元五角　畢業照相
支洋十壹元弍角　共卅二元乙角 二十六分廿八文　另洗相片十六張 送邑尊暨王子乾及堂內各員 共八張又給學生作奬品八張
支洋弍元四角七分弍厘　畢業憑十張並力 前有科學圖書社細帳
支洋壹元只六分四厘　共三元乙角[illegible]　畢業卷 前有乙照齋細帳
自十月二十六日至十二月十二日下學期內

總支
英洋叁拾伍元玖角捌分捌厘
錢貳千陸佰貳拾捌文

清宣統元年績溪縣官立東山高等小學堂分類謄清

連皮共计玖拾捌頁,騎封印共计玖拾柒顆

【薪水开支】[1]

方教員,印錫珍,字相卿,黟縣人。二月到堂,全年薪水洋貳佰[伯]四拾元。{甲}[2]

二月廿二,送去英洋貳拾元正,二月份。

又月[3]初十,送去英洋捌元正,閏二月份。

三月初八,送去英洋拾貳元正,仝。

廿四,送去英洋貳拾元正,三月份。共六十元。

四月十五,送去英洋貳拾元正,四月份。

五月十二,送去英洋四拾元正,五、六两月份,前期訖。

補端午,付借钱四佰[伯]文,〡〇〧十入洋三角七分正,给縣茶房;

付代書價洋柒分四厘,以上两筆言定归後期薪水内算;

共送去英洋壹百貳拾元正。{付訖}

另該英洋四角四分四厘,此洋十一月十二日算訖。

下學期:

七月廿七,送去英洋貳拾元正,七月份。

八月十二,送去英洋八元,八月份。

---

①【　】爲方便理解,整理者根據上下文内容增加。下文同。

②{　}爲文書中紅色印章字。下文同。

③又月,閏月。中國的農曆,二年或三年,需要加一個月,所加的這個月稱"閏月",平均十九年有七個閏月。本賬册所記時間爲清宣統元年(1909年),是年二月爲閏月。下文同。

廿三，送去英洋拾貳元，仝。
九月初十，送去英洋拾元，九月份。
　十六，送去英洋拾元，仝。
十一月十二，送去英洋拾玖元五角五分六厘，十一月份。
　廿四，送去英洋四拾元，十一月、十二月份。
　　共送去洋壹佰[伯]拾玖元五角五分六厘。{付訖}
　　另獎勵洋拾伍元。

程教员，印秉昌，字永卿。二月到堂，全年薪水洋壹佰[伯]四拾元。{甲}
二月廿二，送去英洋拾元正，二月份。
又月初十，送去英洋四元正，閏二月份。
三月初八，送去英洋六元正，仝；
　初九，送去英洋壹元，三月份；
　廿五，送去英洋玖元正，仝。共叁拾元。
四月十五，送去英洋拾元正，四月份。
五月廿四，送去英洋叁拾元正，五、六两月份，前期訖。
　　共送去英洋柒拾元正。{付訖}
下学期：
七月廿七，送去英洋拾元正，七月份。
八月廿三，送去英洋拾元正，八月份。
九月十六，送去英洋捌元，九月份；
　廿二，送去英洋貳元，仝。
十一月廿四，送去英洋拾元，十月份。
　另送獎勵洋拾五元。
十二月初四，送去英洋叁拾元，十一月、十二月份。
　　共送去英洋柒拾元。{付訖}

鄭教员，印炳熊，字桓如。三月到堂，本年三月起計薪水英洋壹佰[伯]貳十元。{甲}

三月廿四,送去英洋拾元正,三月份。

四月十五,送去英洋拾元正,四月份。

五月十三,送去英洋伍元正。

又,送去英洋玖元壹角玖分六厘。

廿九,送去英洋拾五元八角另四厘。

共送去英洋伍拾元正,前期訖。

補端午,付借錢四百[伯]文,〡〇〧〡入洋叁角七分,给縣茶房。此洋言定归後期薪水内算,此洋十一月廿四日算訖。

下学期:

七月廿七,送去英洋拾元正,七月份。

八月十一,送去英洋陸元,八月份;

廿三,送去英洋四元,仝。

九月十六,送去英洋六元,九月份;

廿二,送去英洋四元,仝。

十一月廿四,送去英洋叁拾九元六角三分,十月、十一月、十二月份。

共送去英洋陸拾玖元六角三分。{付訖}

另獎勵洋拾伍元。

王堂長,印昭三,字子乾。暫代在堂三十三日,伊向胡堂長面言自取英洋叁拾元正。{甲}

三月廿四,送去英洋拾元正,運中手去。

五月廿四,送去英洋貳拾元正,觀全手去。

共送去英洋叁拾元正。{付訖}

胡堂長,印晉接,字子承。三月到堂,王堂长言送本年上学期,送英洋柒拾元正。{甲}

五月廿四,送去英洋柒拾元正。此洋未收,仍繳財政處作爲捐款。

馬堂長,印甲東,字蔭庭,江蘇鹽城人。八月到堂。本期薪水英洋壹佰[伯]元。因路程遥遠，邑尊議加夫馬英洋[1]伍拾元。

九月初十，送去英洋拾元。

廿二，送去英洋拾伍元。

十月十四，送去英洋叁拾元。

廿八，送去英洋壹元。

十一月初三，送去英洋叁拾元。

十一，送去英洋拾元。

十二，送去英洋拾四元。

廿四，送去英洋四拾元。

共送去英洋壹佰[伯]伍拾元。{付訖}

另獎勵洋拾伍元。

胡書記，印籌，字運中。暫代在堂念[2]二日。{甲}

二月廿八，支去英洋伍元正。

三月初八，支去英洋伍元正。

共支去英洋拾元正。{付訖}

章書記，名洪宜，字時若。三月到堂。本年三月起計薪水洋伍拾元。{甲}

五月廿九，支去英洋貳拾元正。{付訖}

下学期：

七月廿七，支去英洋五元正，七月份。

八月廿三，支去英洋伍元正，八月份。

九月廿九，支去英洋伍元正，九月份。

十二月十五，支去英洋拾伍元正，十月、十一月、十二月份。

共支英洋叁拾元。{付訖}

---

①夫馬英洋：役夫與車馬費用。

②念："廿"的大写。

上學期職員教員薪水清總：

共付出英洋叁佰[伯]柒拾元正。

　內合方教員洋壹佰[伯]貳十元。

　　程教員洋七拾元。

　　鄭教員洋伍拾元。

　　王堂長洋叁拾元。

　　胡堂長洋七拾元。

　　胡書記洋拾元。

　　章書記洋貳拾元。

　另方教員透支洋柒分四厘，錢四百[伯]文，入洋三角七分；

　　鄭教员透支錢四百[伯]文，入洋三角七分。

下学期職員教員薪水清總：

共付出英洋肆佰[伯]玖拾玖元壹角八分六厘。

　內合馬堂長薪水洋壹佰[伯]元，

　　又夫馬洋伍拾元，

　　又獎勵洋拾伍元。

　方教員薪水洋壹佰[伯]拾九元五角五分六厘，

　　又獎勵洋拾伍元。

　程教員薪水洋柒拾元，

　　又獎勵洋拾伍元。

　郑教員薪水洋陸拾九元六角三分，

　　又獎勵洋拾伍元。

　章書記薪水英洋叁拾元。

厨房周觀全工食。二月到堂。每学期英洋叁拾元正。{乙}

又月初二，付英洋六元正，二月份。

三月初九，付英洋六元正，又二月份。共拾貳元。

四月初二，付英洋六元正，三月份。

廿五，付英洋六元正，四月份。

五月廿四，付英洋六元正，計錢六千四百[伯]八十文，五月份。

共付英洋叁拾元，内有錢六千四百[伯]八十文，前期訖。{付訖}

下学期：

八月初二，付英洋六元正，七月份。

廿三，付英洋六元正，八月份。

九月廿八，付英洋六元正，九月份。

十月廿五，付英洋六元正，十月份。

十一月廿六，付英洋六元正，十一月份。

共付英洋叁拾元。{付訖}

雜役黄觀照工食。二月到堂。每学期英洋拾伍元正。{乙}

又月初五，付洋叁元正，二月份。

三月初八，付洋叁元正，又二月份。

廿五，付洋、叁元正，三月份。【小計】共九元。

四月廿五，付洋叁元正，四月份。

五月廿四，付洋叁元正，五月份。

共付英洋拾五元正，前期訖。{付訖}

下学期：

七月廿六，付洋叁元正，七月份。

八月廿五，付洋叁元正，八月份。

九月廿五，付洋叁元正，九月份。

十月廿五，付洋叁元正，十月份。

十一月廿六，付洋叁元正，十一月份。

共付英洋拾五元。{付訖}

夏福工食

九月，付英洋貳元，八月份；

十四,付英洋壹元五角,仝上。

廿二,付英洋叁元五角,九月份。

十月廿五,付英洋叁元五角,十月份。

十一月廿六,付英洋元叁元五角,十一月份。

共付英洋拾四元。{付訖}

雜役胡廣源工食,三月二十一来。{乙}

四月廿五,付英洋叁元正,四月份。

又,付英洋壹元正,三月份訖[乞]。

五月廿四,付錢壹仟六佰[伯]貳十文,〡〇〨十入洋一元五角,五月份;

廿五,付錢壹仟六佰[伯]貳十文,〡〇〨十入洋一元五角,仝。

共付洋四元正,錢叁千貳佰[伯]四十文。前期訖。{付訖}

雜役汪大福工食

八月十四,付英洋貳元伍角,七月份訖。因開学時伊未到堂,暫僱百根代工五日,故扣洋五角。

廿五,付英洋叁元正,八月份。

九月廿八,付英洋叁元正,九月份。

十月廿五,付英洋叁元正,十月份。

十一月廿六,付英洋叁元正,十一月份。

共付英洋拾四元伍角。{付訖}

門役程明照工食,按月给英洋叁元正。{乙}

二月廿三,付英洋壹元,正月份;

又月十二,付英洋貳元,仝。

三月初八,付英洋壹元,二月份;

補,付英洋伍元,仝,又二月份。

廿五,付英洋叁元,三月份。【小計】共拾貳元。

四月廿五,付英洋叁元,四月份。

五月初四,付錢壹仟另八十文,五月份,入洋壹元;

初十,付錢壹仟另八十文,仝;

又,付英洋壹元,仝,入洋壹元。

共付英洋拾陆元正,錢貳千壹佰[伯]六十文。前期訖。{付訖}

下学期:

六月廿五,付英洋叁元,六月份。

七月廿五,付英洋壹元,七月份;

廿七,付英洋貳元,七月份。

八月廿五,付英洋叁元,八月份。

九月廿五,付英洋叁元。九月份。

十月廿五,付英洋叁元。十月份。

十一月廿六,付英洋叁元,十一月份。

十二月十二,付英洋叁元,十二月份。

共付英洋貳十壹元。{付訖}

膳費,附茶爐。每人每日英洋壹角貳分計算。{丙}

二月二十一,付洋拾元正。

又月初二,付洋七元正;

十二,付洋伍元正;

廿三,付洋貳十元正。

三月初二,付洋拾元正;

十四,付洋伍元正;

廿二,付洋貳十元正;

又,付錢拾千零四佰[伯]文,入洋拾元。【小計】共七十七元,拾千另四百文。

四月初二,付洋七元正;

又,付錢叁千壹佰[伯]貳十文,入洋叁元;

初八,付洋拾貳元正;

付錢八千叁佰[伯]貳十文，入洋捌元；

十四，付洋伍元正；

廿，付洋六元正；

廿三，付洋拾五元正；

又，付錢拾貳千九百[伯]六十文，入洋拾貳元；

廿五，付洋八元正。【小計】共五十叁元，貳十四千四佰[伯]文。

五月初三，付洋拾五元正；

初七，付洋九元正；

又，付錢壹仟另八十文，入洋一元；

初十，付洋伍元正；

十三，付洋拾元正；

十四，付洋拾五元正；

廿七，付錢貳千七百貳十貳文，入洋貳元五角貳分；付錢壹千貳佰[伯]九十六文，入洋壹元貳角。【小計】共五十四元，五千〇九十八文。

五月廿七，付茶炉錢貳十壹千六佰[伯]文，入洋貳十元。

以上共付膳費洋壹佰[伯]八十四元正。

共付膳费錢叁拾九千八佰[伯]九十八文，入洋卅七元七角貳分。

兩共付英洋貳佰[伯]貳拾壹元七角貳分。{付訖}

內合各員膳費共叁佰[伯]捌拾壹天，〡〇〧十洋四拾五元七角貳分；

学生貳十名，膳費共壹仟叁佰[伯]拾天，学生繳洋壹佰[伯]另四元八角，本堂貼洋五拾貳元四角；

特班生叁名，膳費共壹佰[伯]四十四天，学生繳洋五元七角六分，本堂貼洋拾壹元伍角貳分；

點交等事邑尊来堂隨役膳費共卅八餐，〡〇〧十洋壹元伍角貳分。

又共付茶炉錢入洋貳拾元正，前期訖。{付訖}

下学期：

七月廿一，付洋拾元；

廿三，付洋捌角；

廿六,付洋伍元。【小計】共十五元八角。

八月初二,付英洋拾七元;

付錢叁千貳佰[伯]四十文,入洋三元;

十二,付洋捌元;

十四,付洋拾貳元;

廿三,付錢貳千壹佰[伯]六十文,入洋貳元;

付英洋拾捌元。【小計】共五十五元,五千四百文。

九月十三,付英洋拾六元,付錢六千四百八十文,入洋六元;

十六,付英洋五元;

廿二,付英洋貳拾元;

廿八,付英洋拾貳元。【小計】共五十三元,六千四百八十文。

十月初二,付英洋叁元;

初六,付英洋四元;

初七,付英洋貳十三元;

十四,付英洋拾元;

廿,付英洋貳元;

廿五,付英洋拾四元;

廿八,付英洋四元。【小計】共六十元。

十一月初三,付英洋五元,付錢叁千壹佰[伯]貳十文,入洋叁元;

十一,付英洋貳十七元;

十二,付英洋貳十元;

十四,付英洋拾元;

十五,付英洋伍元;

廿一,付英洋七元;

廿二,付英洋五元,付錢叁千文,入洋叁元;

廿四,付英洋五元四角另叁厘;

廿七,付英洋拾貳元;

廿九,付英洋貳十五元。【小計】共一百廿一元四角另三厘,六千一百廿文。

十二月初四，付英洋六拾八元六角七分七厘；

付茶爐英洋貳十元。

以上共付膳費英洋叁佰[伯]七十三元八角八分，

又共付膳費钱拾八千文，入洋十七元，两共付英洋叁佰[伯]玖拾元零八角八分。{付訖}

內合各員膳費共五百[伯]六十貳天，計洋六十七元四角四分；

学生廿一名，共膳費貳千叁佰[伯]另壹天，学生繳洋壹佰[伯]八十四元另八分，本堂貼洋玖拾貳元另四分；

特班生三名，共膳費叁佰[伯]拾壹天，学生繳洋拾貳元四角四分，本堂貼洋貳十四元八角八分。

半夜餐，十一月初一起至廿六止，共貳十六夜，計洋四元壹角六分。

午膳、晚膳加菜四碗，十一月十五起至二十六止，共拾壹天，計洋四元四角。

畢業監考員及邑尊来堂隨役膳費共卅六餐，計洋壹元四角四分。

又共付茶爐英洋貳十元。{付訖}

圖書器具{丁}

又月初二，支洋四元五角，禮堂大屏風一具。{壬}

初七，支洋壹元，禮堂金字牌一塊。{壬}

又，支洋壹元貳角，大小粉牌貳十塊。{壬}

三月廿二，支錢壹百[伯]六十八文，小洋鎖貳把，斋舍門用。{壬}

廿五，支錢叁佰[伯]叁拾叁文，銅鎖貳把。{壬}

又，支錢貳百[伯]八拾文，二号灯照四個。{壬}

補，支洋壹角七分，鷺翁手買銅鎖一把。{壬}

廿六，支錢四百[伯]四十八文，洋油手照十六支，學生寢室用。{壬}

廿七，支錢四十文，銅筆套貳个。{壬}

廿八，支錢六百[伯]五十五文。《高等小學國文讀本》一部。{癸}【小計】共六元八角七分，壹千九百二十四文。

四月初二，支洋叁角貳分，大板《書經》一部。{癸}

又，支洋四角，大板《詩經》一部。{癸}

初五，支錢九十貳文，洋油壁灯四支。{壬}

十九，支錢四十文，水罐筆架各一件。{壬}

廿六，支洋四元，周椿干做黑板三塊。{壬}

又，支錢八百[伯]六十四文，仝上。{壬}【小計】共四元七角貳分，九百[伯]九十六文。

五月初二，支錢壹百貳十文，磁器大印盒一个。{壬}

又，支錢六十四文，晒茶油。{壬}

又，支洋六分，絲棉。{壬}

又，支洋叁角七分貳厘，大興硃叁包。以上四筆做印色用。{壬}

十四，支洋四元，周椿干做有屜書架两个。{壬}

補十三，支洋六角四分，《高小筆算》一部。{癸}

廿七，支洋八角九分貳厘，《高小筆算教授法》一部。{癸}

支洋壹元七角，《高小理科教授法》一部。{癸}

支洋四角貳分五厘，《平面幾何畫法》一册。{癸}

支洋貳元九角七分，《法意》(一至六)一部。{癸}

支洋壹元壹角九分，《統計通論》一册。{癸}

支洋六角另三厘，《蔣智由中學修身》一部。{癸}

支洋拾元另八角，《法政講義》一部。{癸}

支洋六角六分柒厘。【小計】共貳十四元三角九分，一百八十四文。

以上七筆书籍担力①，后有科學圖社清帳。{癸}

自閏二月初二日至五月二十七日上学期内，總支：英洋叁拾伍元玖角另玖厘，錢叁仟壹佰[伯]另肆文。

内合：圖書洋貳十元另六角另柒厘，錢六百五十五文；器具洋拾五元叁角另貳厘，錢貳千四佰[伯]四十九文。

下学期：

六月十三，支洋拾元另伍角貳分。付科學圖書社理化用品及書帳，后有细帳。内合：圖書洋貳元一角八分；{癸}理化洋八元三角三厘。{辛}

七月廿三，支洋六分五厘，剪刀一把。{壬}

①担力：舊時搬運貨物(散貨論担)力資。

廿五，支洋壹角四分四厘，红绿[录]花方洋鐵盤四个。{壬}【小計】共貳角〇九厘。

八月初二，支洋壹元，大魚盆拾面；{壬}

支錢壹百九十六文，計小洋貳角，仝上。{壬}

支錢貳百九十四文，計小洋三角，红绿[录]花茶碗五只。{壬}

支錢八十四文，大鋼罇貳个。{壬}

支錢四十八文，小笊籬一个。{壬}

初四，支洋貳角貳分貳厘，洋鐵壺貳把。{壬}

初九，支錢叁拾貳文，小洋鐵灯一支，路灯内用。{壬}

十一，支洋貳角，大裁紙刀一柄。{壬}

廿七，支錢壹佰[伯]六十文，洋鉄灯檠貳支。{壬}

廿九，支錢叁佰[伯]貳十四文，洋油手照拾貳枝，學生寢室用。{壬}

支钱貳佰[伯]貳十文，長方硯瓦貳個。{壬}

支洋叁角四分，小美孚灯一支。{壬}【小計】共一元九角六分，一千三百五十八文。

九月，支洋叁角六分，〨寸鏡架一個。{壬}

十四，支錢壹百六十文，洋铁圓茶葉筒四個；{壬}

支錢貳十文，洋铁洋油漏斗一只；{壬}

支錢七十文，洋铁信夹一個；{壬}

支錢三十文，洋铁长方盤一個。{壬}

十九，支錢八十文，銅筆套四個。{壬}

廿一，支錢七十文，高洋铁油灯一支；{壬}

支洋七角，《儀禮章句》一部。{癸}【小計】共一元〇六分，四百卅文。

十月初二，支錢七十文，灯照一个。{壬}

初九，支洋貳角貳分貳厘，洋鉄茶壺貳把。{壬}

十四，支洋壹角三分五厘，灯照貳个。{壬}【小計】共三角五分七厘，七十文。

十一月初一，支錢六十四文，洋铁火盆貳个；{壬}

支洋貳角六分四厘，《英语類選》一部；{癸}

支洋四角八分，付办石版貳方。{壬}【小計】共七角四分四厘，六十四文。

十二月初四，支洋貳元四角，做碗橱[厨]一張。{壬}

初五,支洋叁拾叁元壹角七分,書籍及理化用品並力。细帳在後科學圖書社帳内。内合理化洋廿四元六角貳分四厘,{辛}圖書洋四元四角貳分六厘,{癸}器具洋四元一角貳分{壬}。

廿三,支洋八角三分,二寸镜架貳个。{壬}【小計】共卅六元四角。

自六月十三日至十二月二十三日下學期内,總支:英洋伍拾壹元另伍分貳厘,錢壹千玖佰[伯]貳拾貳文。

内合:理化用品洋叁拾貳元玖角伍分捌厘;{辛}器具洋拾元另伍角壹分捌厘,錢壹千玖百貳拾貳文;{壬}圖書洋柒元伍角柒分陸厘。{癸}

刊印并報費{戊}

二月廿六,支洋貳元,付乙照斋,后有细帳。{癸}

又月初五,支洋壹元,付杖藜斋刊刻謄費并印訂。{癸}

補,支洋叁元貳角另九厘,排印戊申年出入清帳并洋連紙;{癸}

支錢四百貳十文,入洋四角另四厘,百頁帳簿叁本。{癸}

支洋五元,付戊申年安徽官報;{壬}

支洋叁元貳角,付戊申年政治官報。{壬}

三月廿二,支洋六元,繳縣署報費,后有細帳,有收条。(此次報費均照来单繳付)。{ 壬}

支錢七百[伯]七拾七文,仝上。{壬}

支洋壹元,仝上。{壬}

支錢貳百[伯]另八文,仝上。{壬}

廿八,支錢八百[伯]貳十六文,付乙照斋。{癸}【小計】共貳十一元八角一分三厘,壹千八百[伯]十一文。

四月初二,支錢九十六文,刻宣统年月日到第 号戳貳个。{癸}

支錢貳十四文,刻過字對字戳貳个。{癸}

十四,支洋貳元,付乙照斋。{癸}

廿,支洋貳角四分,付乙照斋。{癸}【小計】共貳元貳角四分,壹佰[伯]貳十文。

五月初二,支錢貳佰[伯]文,印刷用排筆一支。{癸}

廿七,支洋四角,真筆药水一瓶。{癸}

支洋九角五分，川号中臈紙一筒。{癸}

支洋貳元貳角，集志川号原紙一刀。{癸}

支洋壹角貳分四厘，以上三筆担力。后有科学圖書社細帳。{癸}

支洋壹元叁角四分，预备[豫俻]立憲公會報一份。{壬}

支洋四元，還吳通甫四月初九匯中外日報館報費。{壬}

支洋貳角，仝上并单掛號郵票費匯費。{壬}

支洋四元叁角叁分四厘，閏月在内，付吴通甫本年神州報訖。{壬}

支洋貳角六分，教育雜誌郵票費。

支洋壹角貳分，函寄教育雜誌社单掛號并郵票費，附去本堂初章一本、填表一份。{壬}

支錢壹千四佰[伯]六十文，付乙照斋訖。{癸}

廿九，支錢十貳文，刻清字戳一个。{癸}【小計】共十三元九角貳分八厘，壹千六百七十貳文。

自二月二十六日至五月二十九日上學期内，總支：英洋叁拾柒元玖角捌分壹厘，錢叁仟陸百另叁文。

内合：刊印洋拾貳元五角貳分柒厘，錢貳千六百十八文；{癸}報費洋貳十五元四角五分四厘，錢玖百八十五文。{壬}

下学期：

六月十三日，支洋四角貳分六厘，双藍鼎一刀又廿張，印前期收支報告用。{癸}

廿六，支洋壹角八分五厘，五十頁洋連直格簿貳本。{癸}

支洋八分九厘，刻東山高等官小學堂戳。{癸}

支洋叁分，十頁双藍鼎帳簿一本。{癸}

支洋九分四厘，五十頁双藍鼎帳簿一本。{癸}

支洋壹角叁分四厘，印文憑表册等共十八種，每種二份送縣轉详提学憲。{癸}【小計】共九角五分八厘。

九月廿一，支钱貳百[伯]四十文，官堆紙學生履歷分數表六十張。{癸}【小計】共貳百四十文。

十二月初五，支洋貳元貳角六分六厘，原紙一刀並力。后有科学圖書社细帳。{癸}

十二，支洋叁元九角三分六厘，付乙照斋刊印帳。{癸}

支錢四百[伯]文，付仝上。后有乙照斋细帳。{癸}【小計】共六元二角〇二厘，四百文。

自六月十三日至十二月十二日下學期内，總支：英洋柒元壹角陸分，錢陸佰[伯]肆拾文，均刊印。{癸}

消耗品{己}

二月廿一，支洋壹角貳分六厘，火紙、洋火、烟。

支洋四分，信封信紙。

支洋貳角五分，茶葉。

支洋四元壹角，洋油貳瓶。

廿二，支洋壹角，红燭、烟。

廿四，支錢七十貳文，筆三支。

支錢七十貳文，梅红紙。

支錢十六文，名片、布、針線。

支錢七十四文，掃帚六个。

支錢八文，灯草。

廿五，支錢六十四文，烟四两。

支錢十四文，線。

支洋壹角七分六厘，白布八尺。

廿六，支錢五百[伯]貳十文，青油四斤半。

支錢九十六文，草紙。

又月初二，支錢壹百[伯]貳十八文，烟半斤。

支錢六十八文，表芯紙貳刀。

支錢貳十四文，信封。

初五，支洋貳角五分，茶葉。

支錢六十四文，烟。

十二，支錢三十貳文，烟。

十八，支洋壹角貳分五厘，細茶葉。

支錢壹百[伯]六十四文,欠繩、火紙、烟。

補,又月初八,支錢六十四文,烟。

補二月,支錢六百[伯]六十四文,洋仇連,印招生廣告用。

支錢貳百[伯]十文,麵,貼招生廣告用。

支錢四十八文,仝上用。棕帚一个。

廿七,支錢九十文,茶葉。

支錢九十六文,茶葉、烟。

補清明,支錢貳佰[伯]十貳文,明照手办清明紙、箔、香。

三月初八,支錢壹百[伯]六十文,茶葉半斤。

支錢六十四文,烟。

初九,支錢壹百[伯]十一文,茶食四色。

支钱八文,麵。

初十,支錢壹佰[伯]二十八文,青油一斤。

十三,支錢三十貳文,草紙一刀。

支錢七文,洋火。

十六,支錢貳十文,茶葉。

支錢貳十文,上料紙。

十七,支錢壹佰[伯]七十六文,茶葉半斤。

補,支錢四十貳文,入洋四分,鷺翁手買梅全三封。以上共支3568,入洋3431。

三月廿一,支錢八文,麥粉。

廿二,支洋壹元,青油九斤。

支洋五角,茶葉貳斤。

支錢八十文,南屏貳刀。

支錢六十四文,煙四两。

支錢六十文,草紙貳刀。

支錢五十四文,洋火貳打。

廿五,支錢九十六文,煙六两。

支洋伍角,上料紙貳刀。

支钱貳十一文，仝上。

支錢壹佰[伯]五十六文，洋連紙貳十張。

廿六，支錢八十四文，禀帖六个。

廿七，支錢八十四文，七紫三羊一支；

支錢六十文，洋信紙；

支錢壹佰[伯]文，洋信封。

廿八，支錢八文，麦粉；

支錢八十四文，大圖纸貳张，一試驗英文，一寫學生名。

廿九，支錢四十貳文，大圖纸一张，编各表。【小計】共拾元〇九角九分八厘，壹千〇〇一文。

補三月，支錢壹佰[伯]貳十文，筆五支；

支錢六十文，烟；

支錢貳十七文，红紙。以上三筆還三月二十以前周觀全塾款。

四月初二，支洋叁元九角，老牌洋油一木。

支洋壹元伍角，茶葉六斤。

初八，支錢六十四文，煙四两。

支錢三十三文，洋火一打。

十三，支錢八十文，火紙貳刀。

支洋壹分六厘，红紙。

支錢壹佰[伯]貳十八文，烟半斤。

支錢八文，灯草。

十五，支錢九十九文，蚊虫香卅三箍。

十九，支錢貳佰[伯]四十文，得意書十支。

支錢九十六文，京庄水筆貳支，寫一覽表。

支錢五十文，洋片紙卅个。

廿，支錢六十四文，煙四两。

支錢六十六文，洋火貳打。

支洋八分，大圖紙貳张，一編履歷表送縣，一预科試驗英文。

支錢叁拾文，蒼术、白芷。

廿三，支錢六十四文，煙四两。

廿四，支錢九十八文，複寫紙三張。

廿五，支洋五分六厘，草紙貳刀。

廿七，支洋八分，大圖紙貳张，編課程考期表又收支月報表。

廿八，支錢六十四文，煙四两。【小計】共伍元六角三分，壹千三百九十一文。

五月初二，支洋貳角八分八厘，五錢漱金墨六塊。

支洋貳角伍分，茶葉一斤。

支錢六十四文，煙四两。

初四，支洋七角貳分，大圖紙十八張，前期考試圖畫卷，方教員去。

支洋五分，橡皮鉛筆一支。

支錢叁拾文，蒼术、白芷。

初七，支洋五角，青油四斤半。

支洋七分四厘，火紙貳刀。

支錢六十文，蚊虫香。

支洋貳分八厘，草紙一刀。

支錢壹佰[伯]文，平和条絲煙。

初八，支洋四分，大圖紙一张，编預算表六份送縣。

初十，支錢三十三文，洋火一打。

十二，支錢六十四文，煙四两。

十三，支洋貳角貳分八厘，洋油叁斤。

支錢四十文，洋連紙五張，做一覽表皮。

支洋壹角六分，大圖紙四張，暑假編各表用。

廿四，支錢四十文，洋連紙五張，做一覽表皮。

廿五，支錢十四文，梅红紙。

廿七，支洋伍角伍分，夫士紙半元，前期做考試英文卷。

支洋壹角貳分，洋糊一瓶。

支洋貳分四厘，以上两筆担力。后有科学圖書社细帳。【小計】共三元〇三分二厘，四百四十五文。

自二月二十一日至五月二十七日上學期内，總支：英洋拾玖元貳角陸分貳厘，錢貳千捌百叁拾柒文。

下学期：

六月初二，支錢九十六文，得意書四支。

十三，支錢十六文，洋連紙貳張，造四柱册用。【小計】共壹百十貳文。

廿一，支洋捌角壹分七厘，计小洋九角，入雜用。耑[①]人往歙城送陳佐治官信，爲淘汰學生事。

廿五，支錢八十四文，入雜用，由郵局稟郡尊郵費并单掛號。事由仝上。

七月十五，支錢壹佰[伯]五十四文，丄十德源箔一把；

支錢七十六文，元有生紙十刀；

支錢三文，白香一支；

支錢四十五文，米一升、三合豆腐[付]一塊。以上四筆施食用。

支錢九十六文，洋連紙十貳張。

廿一，支錢六十四文，煙四两。

支錢拾文，灯草。

支錢叁十貳文，蒼术、白芷。

支洋貳元，茶葉八斤。

支洋壹元七角伍分，洋油一瓶。

支洋貳角叁分，表芯紙五刀。

支洋壹角伍分，草紙五刀。

支洋五分四厘，洋火貳包。

支洋貳元，青油十七斤。

支錢壹百六十文，掃帚拾个。

廿三，支錢八十八文，平和条絲煙。

支錢四十八文，筆貳支。

支錢壹百文，蚊虫香。

①耑：同“専”。

支洋壹角壹分，洋片纸、洋信封各卅个。

支洋叁角八分，双藍鼎一刀。

支洋貳角八分，上料一刀。

廿七，支錢十貳文，手摺乙个。

支錢五十六文，平和条絲煙。

支錢八十四文，七紫三羊一支。【小計】共六元九角五分四厘，一千〇二十八文。

八月初二，支錢六十四文，烟四两。

初三，支洋六角四分，貳錢銀硃四两。

支洋叁角六分，得意書廿枝。

支錢九十文，蚊虫香。

初四，支錢壹佰[伯]貳十文，平和煙四两。

初五，支錢八文，灰面。

支洋壹元七角伍分，双英洋油一瓶。

初七，支錢貳十四文，洋線。

初九，支錢壹佰[伯]貳十八文，条絲煙八两。

支錢十四文，洋火四匣。

十一，支錢壹佰[伯]貳十文，蚊虫香。

十四，支洋壹角壹分貳厘，洋火四打。

支洋伍角四分，上料紙貳刀。

支洋叁分貳厘，棉紙四張。

廿七，支錢八十四文，五紫五羊一支，馬堂長用。

支錢十六文，洋連紙貳張。

補廿三，支洋壹角零四厘，条絲烟半斤。

廿四，支錢九十文，蚊虫香。

支洋壹元九角伍分，老牌油一瓶。

廿八，支錢壹佰[伯]貳十文，蚊虫香。

支錢壹佰[伯]貳十文，平和烟。

廿九，支钱貳十四文，灯草。

補十一，支洋壹角貳分，彩[綵]鉛筆貳支，方、鄭教員用。【小計】共五元六角〇八厘，一千〇貳十貳文。

九月，支錢四十文，稟帖。

支錢三十貳文，洋火。

支錢六十四文，烟。

支洋壹元九角五分，老牌美孚洋油一瓶。

支洋貳角叁分，表芯五刀。

支洋壹角四分五厘，草紙五刀。

支洋貳元貳角五分，茶葉九斤。

十四，支洋壹元七角五分，新牌洋油一瓶。

十六，支洋壹角六分八厘，洋火六包。

支錢壹百貳十文，平和烟四两。

十七，支錢壹百貳十八文，条絲烟半斤。

廿，支洋壹角貳分，草紙四刀。

廿六，支洋五角五分，上料貳刀。

支洋四角，皮絲烟半包，馬堂長。

廿七，支錢八文，麥粉。

支洋壹元，青油九斤。

支洋壹元七角五分，双龍洋油一箱。

廿八，支錢壹佰[伯]貳十八文，条絲煙半斤。

支錢壹佰[伯]貳十文，平和煙四两。【小計】共十元〇三角一分三厘，六百四十文。

十月初六，支洋壹元七角五分，双龍洋油一瓶。

支洋貳角，還煥文斋八月内天然墨一盒。

支洋叁角貳分四厘，又蘭花火纸五刀。

支洋貳角貳分貳厘，得意書拾支。

初九，支洋貳角貳分，料炭四十四斤。

支洋壹角七分三厘，洋連紙廿張。

初十，支洋貳角叁分，表芯五刀。

十一，支洋壹角貳分叁厘，条絲煙半斤。

十三，支洋貳角七分七厘，细茶葉半斤。

十四，支洋五角五分，上料貳刀。

十六，支洋叁元五角，双龍洋油貳瓶。

支洋陸角四分四厘，料炭一百廿四斤。

十九，支洋壹角貳分三厘，条絲煙半斤。

支洋壹角五分，草紙五刀。

廿，支錢十六文，灯草。

廿一，支洋壹角壹分五厘，平和煙四两。

支洋六分八厘，铅筆一支。

廿六，支錢八十四文，五紫五羊一支。

廿八，支錢三十六文，燈帶。【小計】共八元六角六分九厘，一百卅六文。

十一月初一，支洋壹角貳分三厘，条絲煙半斤。

支洋壹元，青油。

支洋壹元，茶葉。

支洋壹元七角五分，双英洋油一瓶。

支洋五角九分叁厘，料炭【一】百十斤。

支錢三十貳文，麥粉。

支洋壹角五分，信封、信紙。

支錢七十貳文，彩铅筆一支，官封四个。

初二，支洋壹角壹分五厘，平和煙。

初三，支洋四角壹分六厘，細茶葉十貳两。

支洋壹元五角七分，料炭三百零貳斤。

支錢壹佰[伯]貳十文，香奇煙。

十二，支錢六十四文，条絲煙四两。

支钱貳百四十文，得意書十枝。

支洋壹元七角五分，双英洋油一瓶。

支洋貳角，五钱漱金墨四塊。

十四，支錢壹佰[伯]貳十文，平和煙。

十五，支洋九分六厘，草紙三刀。

支洋壹元貳角四分四厘，付還財政圖紙、石筆、鉛筆帳。

支錢壹佰[伯]貳十八文，条絲煙半斤。

支錢四百[伯]三十貳文，细茶葉十貳两。

十七，支錢壹佰[伯]貳十文，棉紙。

廿，支錢三十貳文，稟帖。

支錢貳十八文，洋火一包。

廿一，支洋壹元七角五分，新牌洋油一箱。

廿二，支錢四文，灯草。

廿三，支錢壹佰[伯]廿八文，条絲煙。

廿五，支錢壹百[伯]六十文，皮絲煙。

支錢壹百[伯]四十四文，细茶葉四两。

支錢貳十八文，洋火一包。【小計】共十一元七角五分七厘，一千八百五十二文。

十二月初五，支洋八角壹分四厘，洋糊、夫士格紙並力。後有科學圖書社細帳。【小計】共八角一分四厘。

自六月初二日至十二月初五日下學期内，總支：英洋肆拾肆元壹角壹分伍厘，錢肆千柒佰[伯]玖拾文。

雜用{辛}

二月廿四，支錢叁佰[伯]文，鐵匠打雜。{辛}

支錢四十八文，搬舖盖力。{辛}

廿五，支錢九百[伯]六十文，磚匠四工，築炉灶、修理東边斋舍屋漏水并閉門闞。{辛}

廿六，支錢貳佰[伯]四十文，洋鐵壺貳把。{癸}

支錢貳十四文，修洋油箱。{癸}

支錢叁十貳文，修水桶。{癸}

支錢八十文，種梧桐樹工錢。{辛}

又月初二，支錢三十文，大洋釘。{癸}

支钱貳十四文,小洋釘。{癸}

支钱貳佰[伯]四十文,僱人往瀛川吳家坑送信。{辛}

三月初三,支洋四元,禮房津貼,后有细帳,張春如去。{壬}

補,支錢壹千文,方荃禄往屯溪鄭村工錢,函請教員。{辛}

支錢壹仟五百[伯]文,周觀全往黟縣請方教員工食。{辛}

支錢七佰[伯]文,二次專人往屯溪,葉邑尊送程月如關書。{辛}

支錢壹千四佰[伯]文,貼招生廣告工食。{辛}

支錢四百[伯]八十文,專人往嶺北催学生来堂。{辛}

支錢八十四文,修銅鎖。{癸}以上共支出7142,入洋6868

廿一,支錢六十文,蜜枣三两;{庚}

支錢十八文,姜汁糕[羔]貳两;{庚}

支錢貳十四文,蛋糕[羔]六塊;{庚}

支錢十八文,洋寸貳两;{庚}

支錢三十貳文,瓜子四两;{庚}

支錢十七文,糖枣貳两;{庚}

支錢三十文,酥糖六包;{庚}

支錢五十四文,足两五錢红燭各貳对;{庚}

支錢十二文,官香四束;{庚}

支洋四元,‖元酒筵貳席,一請桂邑尊,一请各教員;{庚}

支洋八角,中席一桌;{庚}

支錢八十四文,民壮貳名折面貳碗。{癸}以上十二筆行開學禮用。

廿三,支錢七十八文,籴藍布三尺,做書布。{癸}

廿六,支錢三十貳文,頭繩、洋釘。{癸}

廿七,支錢壹百[伯]九十貳文,给縣茶房酒資,二十一日服侍官酒席。{辛}

支錢三十貳文,修灯照并茶碗盖。{癸}

廿八,支錢貳十四文,函寄蕪湖办書郵費。{癸}

支錢壹佰[伯]九十貳文,撥還黃宗培繳財政處書價。{癸}【小計】共拾五元六角六分八厘,八佰[伯]九十九文。

補三月廿一，支錢壹佰[伯]五十文，對酒十瓶[平]；{庚}

支錢壹佰[伯]貳十文，五瓜皮酒。{庚}以上两筆補行開學禮用。

四月初十，支钱貳十四文，函寄蕪湖办化学用品郵費。{癸}

支洋壹元，修自鳴鐘大小三座。{癸}

支錢壹[伯]九十六文，計小洋貳角，仝上。{癸}

十二，支錢貳十四文，椽釘；{癸}

支錢壹佰[伯]八十三文，縴繩九两。以上两筆豫科教室掛黑板用。{癸}

支錢壹佰[伯]另六文，修標本箱暗鎖并打鎖匙。{癸}

支錢壹角壹分八厘，籴白布五尺六寸。{癸}【小計】壹元一角一分八厘，八佰[伯]〇叁文。

五月初四，支錢貳千七佰[伯]文，貼厨房端午办菜五席。计六大六小盤，舊例每席貼洋五角。{庚}

支錢八佰[伯]文，貼搭橋。{癸}

端午，支錢叁佰[伯]九十貳文，计小洋四角，照例给縣茶房節規。{癸}

初六，支錢貳佰[伯]六十四文，耑轎至仁里請胡堂長。{辛}

支錢壹佰[伯]四十文，耑轎至仁里請程教員。未坐。{辛}

支錢三十六文，王視学由堂回城輿金。{辛}

支錢六十四文，切面。曹尚友君等夜膳。以上四筆爲胡昭宣等事用。{癸}

初八，支錢壹千六百貳十文，貼厨房暑假办菜三席。照旧例。{庚}

支洋貳元，||元酒筵一席；{庚}

支洋壹角七分，茶食七色。以上二筆请邑尊學期考試，是日因水漲橋圮，未到堂。{庚}

初十，支錢六十文，腊酒三壺；{庚}

支洋四角，热炒四个；{庚}

支洋貳角八分八厘，面圍八个；{庚}

支洋叁角貳分，火腿面五碗。以上四筆邑尊来堂看卷午膳。{庚}

支錢八佰[伯]文，貼搭橋。{癸}

五月廿四，支錢貳佰[伯]九十六文，计小洋叁角，修小自鳴鐘，在講堂開壞。{癸}

廿五，支洋四元，禮房津貼。程德貴去。{壬}

支洋貳元，胡堂長往来轎金，共十二次。{辛}

支錢壹仟〇〇八文，仝上。星期一往思誠，星期五回東山。[①]{辛}

廿九，支錢四佰[伯]文，耑人往嶺北送信，爲胡昭宣等事。{辛}【小計】共九元一角七分八厘，八千五百〇八十文。

自二月二十四日至五月二十九日上學期内，總支：英洋貳拾伍元玖角陸分肆厘，錢拾仟另貳佰[伯]捌拾貳文。

内合：酒筵洋柒元九角七分八厘，錢四千八百四十九文；{庚}暫僱夫役洋八元四角五分，錢貳千另四十文；{辛}津貼禮房洋八元正；{壬}雜項洋壹元五角三分六厘，錢叁千叁百九十三文。{癸}

下学期：

六月廿一，支洋捌角壹分七厘，计小洋九角，耑人往歙城送陳佐治官信，爲淘汰學生事。{辛}

廿五，支錢八十四文，由郵局稟郡尊郵費並单掛號。理由仝上。{癸}【小計】共八角一分七厘，八十四文。

七月十五，支洋捌角，裱歷史掛圖五幅。{癸}

廿一，支錢四十八文，搬方教員鋪盖力。{辛}

廿二，支洋六分八厘，足两紅燭四对；{癸}

支洋壹分貳厘，大官香四箍；{癸}

支洋壹角七分，茶食七樣；{庚}

支洋貳角伍分九厘，臘酒十四壺；{庚}

支錢壹百六十文，五瓜皮酒；{庚}

支洋貳元四角，館菜一席，用水連片肚；{庚}

支洋八角，中席一桌[棹]；{庚}

支錢七十貳文，民壮折面貳碗。{庚}以上八筆行開學禮用，是日桂邑尊亦到堂。

支錢貳十四文，函寄屯溪办書郵費。{癸}

---

①胡晉接(1870—1934)，安徽績溪人。近代安徽省有較大影響的學者與教育家。光緒三十年正月(1904)年，仁裡鉅賈程式東兄弟四人創辦“私立思誠兩等小學堂”，由胡氏主持校務。1909年三月胡晉接任東山官立小學堂堂長，八月離任。期間，胡氏仍兼管思誠兩等小學堂事務，因此往來於兩校。

支錢貳佰[伯]文，二次耑人至仁里胡子承處携取財政處憑摺。{辛}

廿六，支洋四角，热炒四个；{庚}

支洋貳角八分八厘，面圍八个；{庚}

支洋貳角五分六厘，火腿面四碗；{庚}

支洋壹角壹分八厘，五瓜皮酒一斤；{庚}

支洋八分，蜜枣四两；{庚}

支洋叁分，京枣四两；{庚}

支洋叁分貳厘，瓜子四两；{庚}

支洋叁分六厘，顶葷月餅貳个。{庚}以上八筆邑尊来堂午膳。

支錢伍佰[伯]文，百根打雜五工，廿一至廿五日。{辛}

廿八，支錢壹百六十六文，籴白布七尺，揩黑板用。{癸}【小計】共五元七角四分九厘，一千一百七十文。

八月初二，支錢九十六文，修水桶貳只。{癸}

支錢壹佰[伯]文，修大菜籃貳只。{癸}

初四，支洋六分，修檻窓門。{癸}

十四，支洋柒分四厘，月饼[并]四个。{庚}

支錢叁拾貳文，筷一大把。{癸}

中秋，支洋貳元伍角，貼厨房办菜五席。{庚}

支洋四角，又添飯菜四碗并五瓜皮燒，邑尊席上。{庚}

支洋八角，又中席一桌，邑尊隨役。{庚}

支錢壹佰[伯]四十四文，民壮折面四碗。舊例請邑尊酒席，每名只[祇]给面一碗，因節上討加倍。{庚}

支錢貳佰[伯]五十貳文，轎夫折面七碗。此筆因請邑尊过節，作爲特别支給，下不爲例。{庚}

支洋叁角六分叁厘，計小洋四角，照例給縣茶房節規。{癸}

十九，支錢貳十四文，函寄蕪湖办理化用品郵費。{癸}

廿二，支洋六角叁分六厘，計小洋七角，修自鳴鐘，輪盤壞。{癸}

廿五，支錢五十六文，香燭。{癸}

支錢貳佰[伯]四十文，五瓜皮燒貳斤；{庚}

支洋貳元四角，館菜一席；{庚}

支洋八分六厘，糕饼[并]四色。以上三筆请馬堂長，是日桂邑尊亦到堂{庚}。【小計】共七元三角一分九厘，九百四十四文。

九月，支錢叁百貳十八文，亥[①]二斤；{庚}

支錢壹百貳十文，五瓜皮燒一斤；{庚}

支錢壹百貳十文，麥粉一斤四两，香椿四两；{庚}

支钱三十貳文，糖包八只。以上四筆請邑尊午膳。{庚}

支錢壹百八十文，五瓜皮燒一斤半；{庚}

支錢貳十文，甲酒貳瓶[平]；{庚}

支洋貳元四角，館菜一席；{庚}

支洋八角，中席一席；{庚}

支洋貳角，茶食七様。以上五筆請皖省教育會調查員汪君墅。{庚}

支洋貳元，馬堂長經手支用。{癸}

支洋壹元，旅行石照寺給和尚柴火茶錢。{癸}

支錢壹百文，在石照寺僱人進城唤照相酒錢。{辛}

支洋貳元，補中秋全堂照⼆寸相；{癸}

支洋壹元四角四分，另洗相片四張，送邑尊、各教員。{癸}

十六，支錢貳十四文，函寄蕪湖办文憑郵費。{癸}【小計】共九元八角四分，九百廿四文。

十月初二，支洋貳角九分貳厘，補九月三十日炒面貳盤；{庚}

支洋壹角壹分貳厘，又五瓜皮燒一斤。以上二筆請許省視學。{庚}

初六，支洋四角，還焕文斋八月内細茶葉十貳两。{癸}

初九，支洋四分，庚戌年曆書一本。{癸}

支洋九分貳厘，粗花缽貳個。{癸}

初十，支錢貳十四文，鑽一个。{癸}

十二，支钱卅二文，小炉灶一只。{癸}

---

①亥：地支的末一位，属猪。此處指代猪肉。

十五，支洋貳角壹分四厘，正箔一把、紙十刀、香燭；{癸}

支錢五十七文，米1升、三合酒、豆腐[付]。以上二筆施食用。{癸}

十九，支洋壹角三分貳厘，粂白布六尺，揩黑板并厨房用。{癸}【小計】共一元二角八分二厘，一百十三文。

十一月初一，支錢九十六文，鐵鎖牌并扯圈各一副，釘碗櫥[厨]用。{癸}

支洋壹角三分六厘，茶食四包；{庚}

支洋貳角四分七厘，五瓜皮燒貳斤貳两；{庚}

支洋貳元，館菜一席；{庚}

支錢七十貳文，民壮折面貳碗；{庚}

支錢四佰[伯]文，折中席二人。以上五筆甲班期考用，是日桂邑尊到堂。{庚}

十二，支錢五十六文，圖畫釘。{癸}

支錢壹百[伯]四十文，銀硃一包，做印色。{癸}

廿四，支洋四元五角，全堂照⼆寸相。{癸}

支洋貳元八角，另洗相片四張，堂長、教員各一張。{癸}

支洋貳元，給縣署隨封。向例每年給錢六百文，因本年邑尊兼堂長，又办畢業，往来多次，故從优給，後不為例。{癸}

支錢三百六十文，計小洋四角，修大自鳴鐘，不走。{癸}

廿七，支錢三百十六文，紙箔、香燭、火炮、红紙；{癸}

支錢五十六文，目下包一斤；{癸}

支錢壹佰[伯]八十文，魚一尾；{癸}

支錢貳佰[伯]貳十文，雄鷄一只；{癸}

支錢十文，水酒一壺。以上五筆謝神用。{癸}【小計】共十一元六角八分三厘，一千九〇〇六文。

十二月初五，支錢貳十四文，函寄安徽實業報館郵費。{癸}

廿，支錢七文，水膠，粘鐘架。{癸}

廿三，支洋陸元，津貼禮房。后有細帳。{壬}

支錢四十四文，红燭四两，新年點大門灯。{癸}

除夕，支洋壹元，給縣茶房年節規。向例给小洋四角，因本年邑尊兼堂長，又办畢業，往來多次,故從優給,後不為例。{癸}【小計】共七元,七十五文。

自六月二十一日至十二月三十日上學期内,總支:英洋肆拾叁元陸角玖分,錢伍千貳佰[伯]拾陸文。

内合:酒筵酒洋拾柒元叁角壹分陸厘,錢貳千壹百四拾文;{庚} 暫僱夫役洋捌角壹分柒七厘,錢捌佰[伯]四拾捌文;{辛} 禮房津貼陸元;{壬} 雜項洋拾玖元伍角伍分柒厘,錢貳千貳佰[伯]貳拾捌文。{癸}

清理東山帳務處,局設教育會

又月廿八,付英洋貳十元正。

五月廿七,付英洋貳十一元另七分五厘。{付訖}

以上清訖,另有細帳一本發来存堂。

報費細帳

政治官報:全年九元六角,一日一册。

前已收至本年元月二十日第四佰[伯]六十號止。

三月廿二,付繳葉邑尊英洋貳元〇八分,【光緒】三十四年十一月十三日第四百〇一號至本年元月二十第四百六十號訖。

本年元月二十一日第四百[伯]六十一號起至十一月十六日第七百八十一號止,共收到叁佰[伯]貳十一册,未繳價。

安徽官報:每月一元,十日一册。

前已收至本年二月三十日第三十九期止。

三月廿二,付繳葉邑尊英洋叁元,【光緒】三十四年十一月二十第廿九期至本年二月二十第卅八期訖。

本年二月三十日第三十九期起至十月三十日第六十六期止,共收到貳十八本,未繳價。

南洋官報:每月七角,五日一册。

前已收至本年三月初十日第十七期止。

三月廿二,付繳葉邑尊英洋一元一角六分,元月廿第一期至闰二月初五第十期訖。

本年又月初十日第十一期起至十二月二十七日第七十三期止，共收到六十三本，未繳價。

學部官報：全年四元，十日一册。

前已收至三四年十一月十一日第七十四期止。

三月廿二，付繳葉邑尊英洋伍角，【光緒】三十四年九月十一第六十九期至十月二十一第七十二期訖。

本年自【光緒】三十四年十一月初一日第七十三期起至【宣統】元年六月二十一止，共收第九十九期止，共收到貳十七本，未繳價。

安徽學務雜誌，全年三元，共出十册。

前已收至【光緒】三十四年五月十五日第三期止。

三月廿二，付繳葉邑尊英洋一元貳角，【光緒】三十四年三月十五第一期至六月十五第四期訖。

本年收【光緒】三十四年第五期一本，【宣統】元年第三期、四期、五期三本，總共四本，未繳價。

中外日報，全年祇付郵費洋四元，閏月照加。

前已收至本年三月十二日止。

五月廿七，付英洋四元，續办【宣統】元年份。

此洋四月初九日由吴通甫君代匯去，故於本日支出归還。

神州日報，照中外報價，在吴通甫君處办。

五月廿九，付英洋四元叁角三分四厘，本年并閏月訖。{付訖}

教育雜誌，全年祇付郵費洋貳角六分，連閏月。

五月廿七，付||分郵票十三张，本年訖。{付訖}

立憲公會報，全年連郵費洋壹元叁角四分。

五月廿七，付英洋壹元叁角四分，本年并閏月訖。{付訖}

禮房細帳

禮房津貼：舊例每全年共給洋拾四元。

三月初三，付張春如英洋四元正。

五月廿五，付程德貴英洋四元正。

十二月廿三，付程德貴英洋叁元正；

付張春如英洋叁元正。{付訖}

書籍細帳

科學圖書社 甲：自办符號，乙：代办符號

四月廿九到，《高小筆算》全，拾部，洋六元八角。{乙}

又《教授法》壹部，洋八角九分貳厘。{甲}

《高小理科》壹部，洋六角八分。{乙}

又《教授法》壹部，洋一元七角。{甲}

《平面幾何畫法》拾貳部，洋五元壹角。甲，一部四角貳分五厘；乙，十一部四元六角七分五厘。{甲}{乙}

《法意》一至六，壹部，洋貳元九角七分。{甲}

《統計通論》壹本，洋一元壹角九分。{甲}

《高小國文》壹部，洋五角九分五厘。{乙}

《正續古文辞類纂》壹部，洋一元另貳分。{乙}

《孝經新体讀本》貳部，洋叁角四分。{乙}

《蔣智由修身》壹部，洋六角〇叁厘。{甲}

《華英國學文編》拾本，洋貳元壹角貳分五厘。{乙}

《英文法程》初，拾部，洋六元七角五分。{乙}

《英語類選》一、二，拾貳部，叁元另六分。{乙}

《代數因子分解詳草》貳本，五角壹分。{乙}

《華英新字典》壹部，洋一元叁角五分。{乙}

《康熙字典》壹部，洋五角九分五厘。{乙}

《法政講義》壹部，洋拾元另八角。{丁}{甲}

《中國分省暗射圖》壹套，洋五角九分五厘。{乙}

《豫備立憲報》五份，入洋六元七角。甲，一份一元三角四分；乙，四份五元二角六分。{戊}{甲}{乙}

大抄本廿片四十本，入洋壹元八角。{乙}

小圖纸卅张，入洋四角五分。{乙}

真筆葯水壹瓶，入洋四角。{戊}{甲}

夫士格紙半元，入洋五角五分。{己}{甲}

小橡皮壹打，入洋六角。{乙}

〡〢号中膈紙壹筒，入洋九角五分。{甲}

集志〡〢号原紙壹刀，入洋貳元貳角。{甲}

洋糊壹瓶{甲}，入洋壹角貳分。{甲}

長竹製尺壹支，入洋貳角。{乙}

東羅紋封貳盒，入洋五角六分；{乙}

代力五十六斤，洋壹元九角六分。甲合八角一分五厘，乙合一元一角四分五厘。{甲}{乙}

共計：英洋陆拾四元壹角六分五厘。

内合：本堂洋貳十四元壹角四分，又力洋八角壹分五厘；代办洋叁十九元貳角壹分，力在内。

五月廿七日，付英洋叁拾九元貳角壹分，付英洋貳拾四元玖角五分五厘，以上两訖。{付訖}

下学期：

補五月廿三到，《初小手工教科書》壹本，洋八角五分。{丁}{甲}

《高小商業教科書》壹部一、二册，洋貳角壹分貳厘。{甲}

《高小農業教科書》壹部一、二册，洋貳角五分五厘。{甲}

《商業簿記教科書》壹部，洋六角八分。{甲}

《農話》壹本，洋八分五厘。{甲}

大小軟木塞念个，入洋五角貳分。{甲}

大漏斗壹只，入洋四角貳分。{甲}

玻璃棒拾支，入洋五角六分。{甲}

燒勺壹支，入洋壹角四分。{甲}

角匙壹只，入洋壹角七分。{甲}

三角銼壹支,入洋四角貳分。{甲}

分度玻璃瓶100只,入洋壹元五角六分。{甲}

平底燒瓶叁只,入洋七角貳分。{甲}

硝酸壹瓶,入洋八角。{甲}

硫酸貳瓶,入洋壹元壹角六分。{甲}

氯酸钾[鉀綠三]壹瓶,入【洋】叁角八分。{甲}

鎂带叁尺,入洋壹角九分貳厘。{甲}

鉛壹盒,入洋四角。{甲}

里紙母司壹瓶,入洋叁角四分。{甲}

試筒刷壹支,入洋壹角五分六厘。{甲}

《陳棍中等算術詳草》壹部,洋四角貳分五厘。{乙}

代力,洋五角。{甲}

共計:英洋拾元另玖角四分五厘。

内合:本堂洋拾元另五角貳分,代办洋四角貳分五厘。

六月十三日,付英洋拾元另玖角四分伍厘。以上两訖。{付訖}

七月二十三日到,《初作文教科書》一、二两册,洋八分。{甲}

又教授法一、二两册,洋壹角另貳厘。{甲}

《初國語教科書》四本,洋五角壹分。{甲}

代力,洋叁分。{甲}

共计英洋柒角貳分柒七厘。

九月十二到。以下均八折。

《高小商業教科書》一、二,玖部,洋壹元八角。{乙}

《初作文》一、二,貳部,洋壹角六分。{乙}

《華英初階》一本,洋八分。{乙}

《國民讀本》七部,洋一元九十六分。{乙}

《人羣進化論》一部,洋四角。{乙}

《中國现勢論》一部,洋四角四分。{乙}

《人生地理學》一部,洋貳元。{乙}

《代數因子分解詳草》六部，洋一元四角四分。{乙}
《高小中外地圖》四册，洋一元六角。{乙}
〣号原紙壹佰[伯]張，入洋貳元貳角。{戊}{甲}
十五長規一支，入洋壹角五分。{乙}
卅生的密達尺一支，入洋貳角。{乙}
東洋糊叁瓶，入洋叁角六分。甲貳瓶二角四分，乙壹瓶一角貳分。{己}{甲}{乙}
夫士格紙五打，入洋九角五分。{己}{甲}
鋅貳瓶，入洋六角四分。{丁}{甲}
試驗筒拾个，入洋四角。{丁}{甲}
大小橡皮塞五个，入洋一元貳角。{丁}{甲}
代鐘一支，入洋四元。{丁}{甲}
代力貳十〇半斤，洋七角壹分七厘。甲合三角四分，乙合三角七分七厘。{甲}{乙}

共計洋貳十元另貳角九分七厘。

內合：本堂洋玖元伍角七分，代办洋拾元另七角貳分七厘。

以下均八折

又《小代數》一部，洋一元貳角。{甲}
《小代數詳式》一部，洋六角四分。{乙}
《陳文算朮詳草》一部，洋貳角八分。{乙}
《算術難问三百題》一部，洋五角四分四厘。{乙}
《漢文典》一部，洋八角。{乙}
《初小作文》一、二，貳部，洋壹角六分。{乙}
五彩精圖方字一盒，洋六角四分。{乙}
廿片大抄本叁十本，入洋壹元叁角五分。{乙}
代力八斤，洋貳角八分。甲合六分，乙合貳角貳分。{甲}{乙}

共計洋五元八角九分四厘。

內合：本堂洋一元貳角六分，代办洋四元六角三分四厘。

又，音乂貳具，入洋六元五角。{丁}{甲}
鐵絲網一方，入洋六分。{丁}{甲}

三脚架一个，入洋壹角六分。{丁}{甲}

曲頸甄架一个，入洋貳元六角。{丁}{甲}

玻管十支，入洋叁角。{丁}{甲}

取氣玻瓶叁只，入洋八角四分。{丁}{甲}

燒瓶半卩拾只，入洋貳元四角。{丁}{甲}

燒瓶四盎五只，入洋壹元。{丁}{甲}

盐酸鉀四盎一盒，入洋四角五分。{丁}{甲}

鈉貳瓶，入洋七角。{丁}{甲}

鉀貳瓶，入洋四元八角。{丁}{甲}

盐酸一瓶，入洋六角四分。{丁}{甲}

碘酒一瓶，入洋五角六分。{丁}{甲}

鉀氯[綠]貳盎一瓶，入洋叁角四分。{丁}{甲}

甘油貳盎一瓶，入洋叁角貳分。{丁}{甲}

代力十七斤，洋五角九分五厘。{甲}

共计洋貳十貳元貳角六分五厘。

十月初十，到修業文恁一册，五十張，入洋貳元四角。{丁}{甲}

畢業文憑拾张，入洋貳元四角。{甲}

《漢文典》一部，洋八角。{乙}

代力三斤十二两，洋一角三分一厘。甲合一角，乙合三分一厘。{甲}{乙}

共計洋五元七角叁分一厘。

内合：本堂四元九角，代办八角三分一厘。

七月廿三起至十月初十止，共来貨洋伍拾四元九角壹分四厘。

十二月初五，付英洋五拾四元九角壹分四厘。以上統訖。{付訖}

刊印細帳

乙照齋

二月廿六，付英洋貳元，計申錢貳千〇八十文。

收督課簿廿頁叁本，貳百八十八文。

收查核簿〥十頁貳本，貳百八十文。

收学績表廿頁拾本，五百四十文。

收週錄表廿頁拾本，五百四十文。

收時間表壹佰[伯]張，一百文。

收刻己酉、方字戳貳个，四十貳文。

收刻腰式英文戳一个，三百卅六文。

收四頁卷四十本，貳百四十文。

收四格四十四張，四十四文。以上運手办。

三月廿八，收学籍表五十張，一百文。

收每月考試分数表貳十张，四十文。

收学年考試分数表貳十张，四十文。

收假簿五十頁一本，一百十四文。

收刻帳房戳一个，計十字，一百二十文。

收刻鄭字戳一个，十貳文。

收時間表五十張，五十文。

收志願保證書貳十張，貳十文。

共計錢貳千九百另六文。付錢八佰[伯]貳十六文。以上两訖。{付訖}

四月初三，收上料格紙三百張，貳百四十文。

收訂卅頁課本五十本，双藍鼎，一千六百文。

收訂四寸百頁帳簿貳本，双藍鼎，洋四角。

收四寸五十頁帳簿一本，仝，洋一角。

收刻函牘表一塊，八百五十四文。

收訂函牘表五十頁貳本，一百四十文。

收訂藍直格簿五十頁一本，七十文。

十四，付英洋二元，〡〇〨十申錢貳千一百六十文。

十五，收一覽表卅張，一百五十文。

廿，付英洋貳角四分，計錢貳百五十九文。

五月初三，收双藍鼎卷格六百張，五百四十文。

收洋連紙修業憑五十八張,【其中】光緒卅四、宣統廿四,貳百九十文。

收卷套貳十四个,四十三文。

收四寸双藍鼎紙八十張,九十六文。

收⊥寸双藍鼎紙八十張,四十八文。

初十,收四卷格一百張,九十文。

廿五,收排印六項表廿張,官堆紙,一百廿文。

收又保切結一百張,仝,三百五十文。

收刻天干小戳十个,一百四十文。

收四寸双藍鼎紙五十頁簿一本,一百文。

收刻財、書、膳、收、付、訖戳六个,九十六文。

共計錢五千五百〇七文。

內合:本堂叁千九〇〇七文,代办一千六百文。

廿七,付錢一千六百文;付小洋拾角,入錢九百八十文;付鈔六十枚,入钱四百八十文。以上两訖。{付訖}

七月廿四,收週錄表廿頁五本,貳百七十文。

收學績表廿頁五本,貳百七十文。

收督課簿廿頁貳本,一百九十二文。

收每月考試分數表叁拾張,六十文。

七月廿六,收訂四寸五十頁上料簿六本,三百十文。

八月十一,收刻農学戳一个,廿八文。

九月十五,收刻商業戳一个,廿八文。

收一覽表卅張,一百五十文。

收時間表五十張,五十文。

廿四,收刻馬字戳一个,十四文。

收刻報到戳一个,貳十八文。

收訂官綠堆綠直格五十頁簿貳本,馬堂長用,三百文。

十一月,收刻月分期考表一塊,一千三百〇九文。

收印月分期考表五十張,一百文;

收双炉卷格紙六百五十張，九百八十五文。

收六寸双炉紙七十張，四十九文。

收四寸双炉紙五十貳張，六十文。

收卷套四十个，八十文。

收换刻卷面籤条班字，卅二文。

收刻单字戳十八个，貳百八十八文。

收刻畢業卷面籤条一塊，二百五十二文。

收洋連紙畢業英文圖畫大卷面十六个，一百文。

收畢業卷面八十四个，二百五十二文。

收畢業双炉卷格貳百五十張，貳百廿五文。

收畢業六寸双炉紙卅張，廿一文。

收訂畢業卷八十二本，一百六十四文。

收切英文圖畫紙，五十文。

收刻封条板一塊，一百廿文。

收印封条八十八張，四十四文。

共计錢伍千六佰[伯]叁拾一文。

十二月初十，付英洋伍元，付錢四佰[伯]文。以上兩訖。{付訖}

修理{壬}

八月十四，支洋五角四分五厘，計小洋八角，松樹貳根。【小計】共五角四分五厘。

九月，支洋叁元壹角五分，付合𠔃窑[瑶]瓦貳千壹百[伯]片。

支錢五百[伯]八十八文，付瓦力。

十四，支洋七角七分八厘，椽十貳丈。

廿五，支洋貳角另貳厘，椽釘一斤十一两。

支錢三十文，大釘釟[八]卅只。

支錢四百貳十文，石灰一佰[伯]五拾斤。

支錢壹佰[伯]拾貳文，自修室檻門打鐵機骨四付。

支錢四百[伯]八十文，木匠貳工。做桁条、刨椽并修自修室檻門。

廿六，支錢七十文，另修自修室檻門并换料。

支錢壹佰[伯]貳十八文。桐油一斤。【小計】共四元一角三分，一千八百廿八文。

十一月十三，支洋四元八角貳分，付磚匠工，后有細帳。

自八月十四日至十一月十三日下學期内，總支英洋玖元肆角玖分伍厘，錢壹千捌佰[伯]貳拾捌文。

已酉下學期甲班畢業雜用

十月廿六，支洋壹角叁分五厘，大梅红紙拾張，印畢業啟。【小計】一角三分五厘。

十一月十五，支洋叁角壹分乙厘，茶食七色；

支洋貳元，館菜一席；

支錢貳百五十四文，五瓜皮燒貳斤貳两；

支錢七十貳文，民壮折面貳碗；

支錢六百文，折中席，三人。

以上五筆甲班畢業考用，是日桂邑尊、王子乾、周鷺笙、章藎吕到堂。

支錢貳十文，官堆紙貳张，做畢業憑存根。

十七，支錢六十文，信封，散啟用。

廿一，支洋八分，大圖纸貳张，编各表。

廿二，支洋五角貳分，籴红布貳丈，做彩用。

廿三，支錢十八文，鐵釘錢费。

廿四，支洋九分六厘，香燭。

支洋貳角乙分，茶食。

支洋六角，對酒四十瓶[平]。

支洋十貳元，館菜六席。

支洋八角，中席一桌[棹]。

支錢八佰[伯]文，給巡警勇四名折中席。

支錢四百[伯]八十文，五瓜皮燒四斤。

支錢七十貳文，民壮折面貳碗。

支錢貳佰[伯]五十貳文，轎夫折面七碗。

支洋四元五角，畢業照二寸相。

支洋十壹元貳角，另洗相片十六張，送邑尊、鷺笙、子乾及堂内各員共八張，又給学生作獎品八張。 【小計】共卅二元三角一分七厘，二千六百廿八文。

十二月初五，支洋貳元四角七分貳厘，畢業憑十張並力。前有科学圖書社細帳。

十二，支洋壹元〇六分四厘，畢業卷。前有乙照齋細帳。【小計】共三元五角三分六厘。

自十月二十六日至十二月十二日下學期内，總支英洋叁拾伍元玖角捌分捌厘，钱貳千陸佰[伯]貳拾捌文。

路程圖

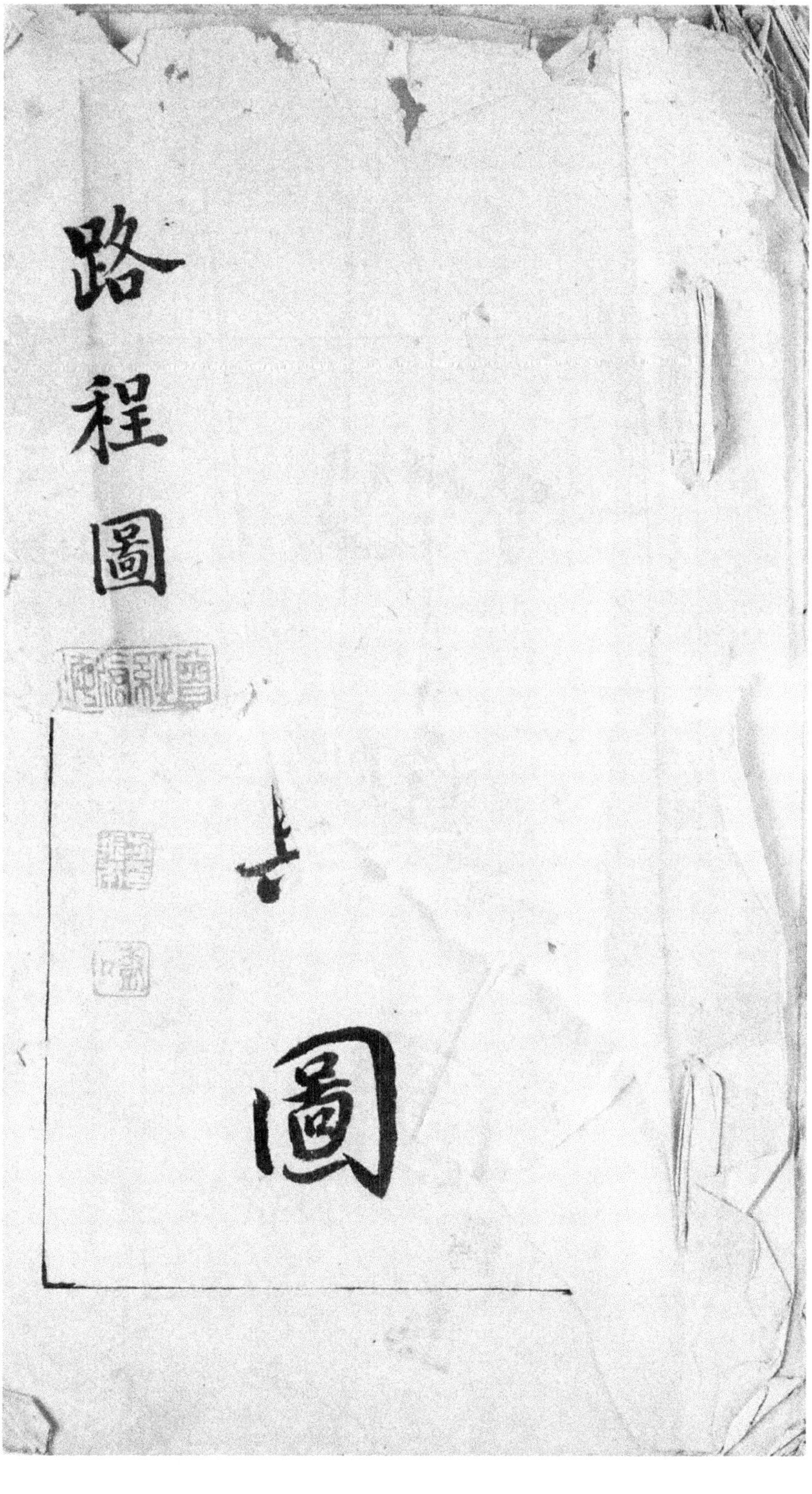
路程圖
圖

地輿圖

地輿全圖

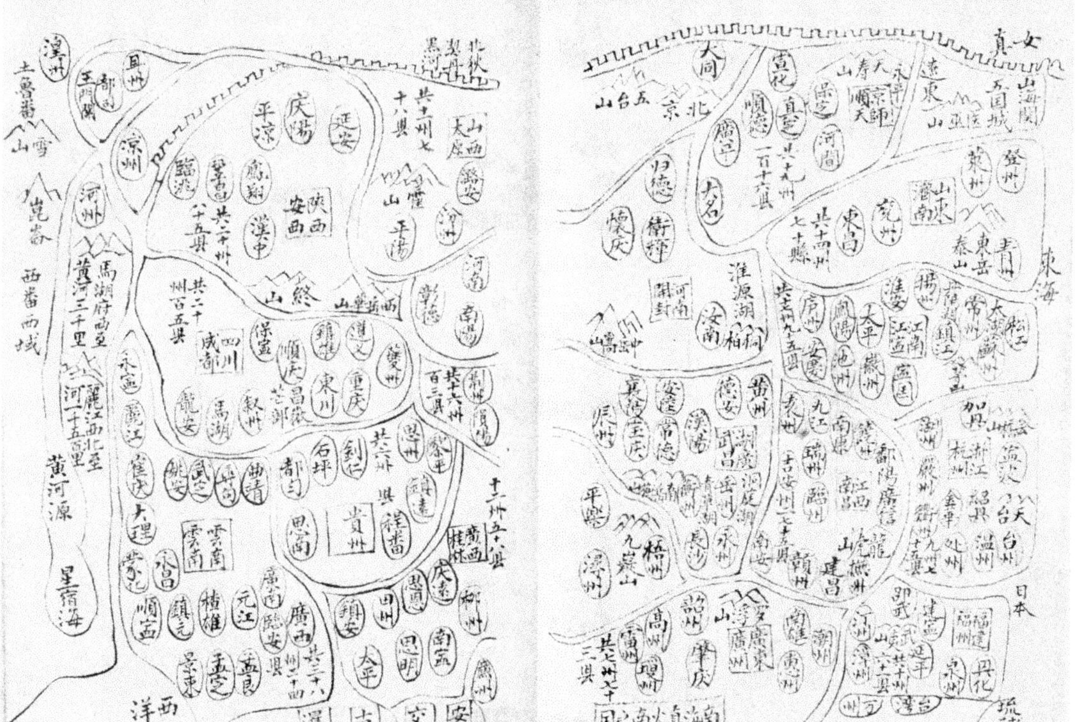
北京
五台山
山海關
東海
日本
琉球
西洋
黄河源
星宿海
安南
交趾
古城
暹羅
貴州
雲南
大理
四川
陝西
山西
河南
山東
廣東
福建

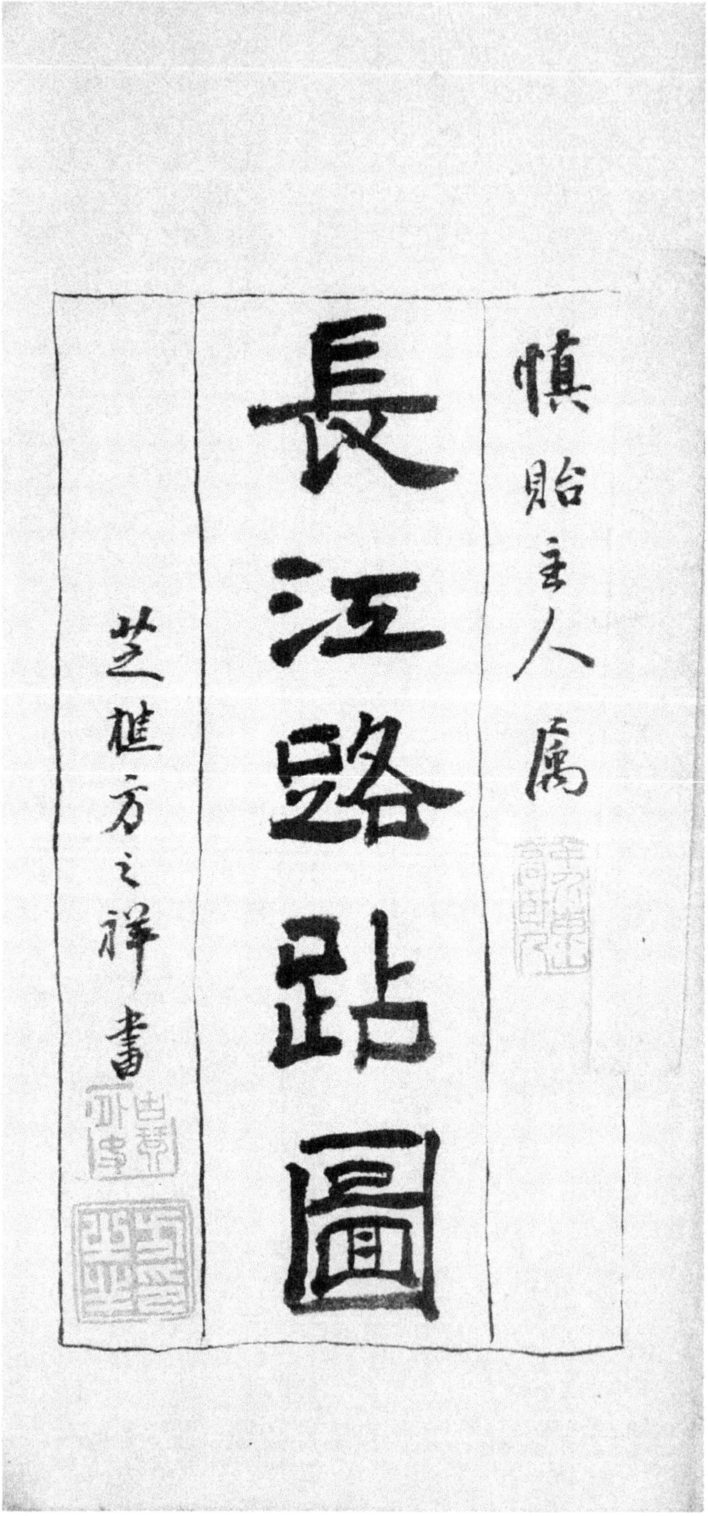

慎貽主人屬

長江路站圖

芝樵方之祥書

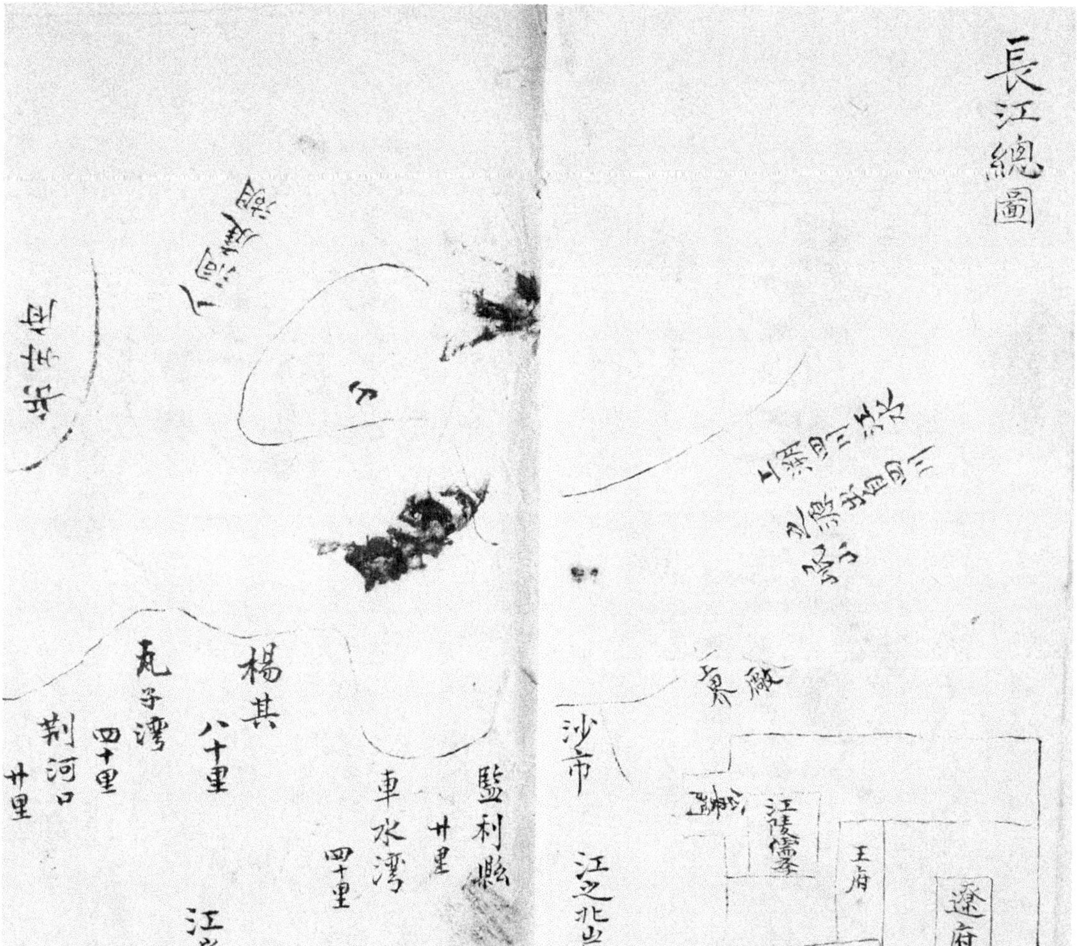

長江總圖
楊其
八十里
丸子灣
四十里
荊河口
廿里
江之北岸
車水灣
四十里
監利縣
廿里
沙市
江之北岸
王府
遼府城
荊州府
承天寺

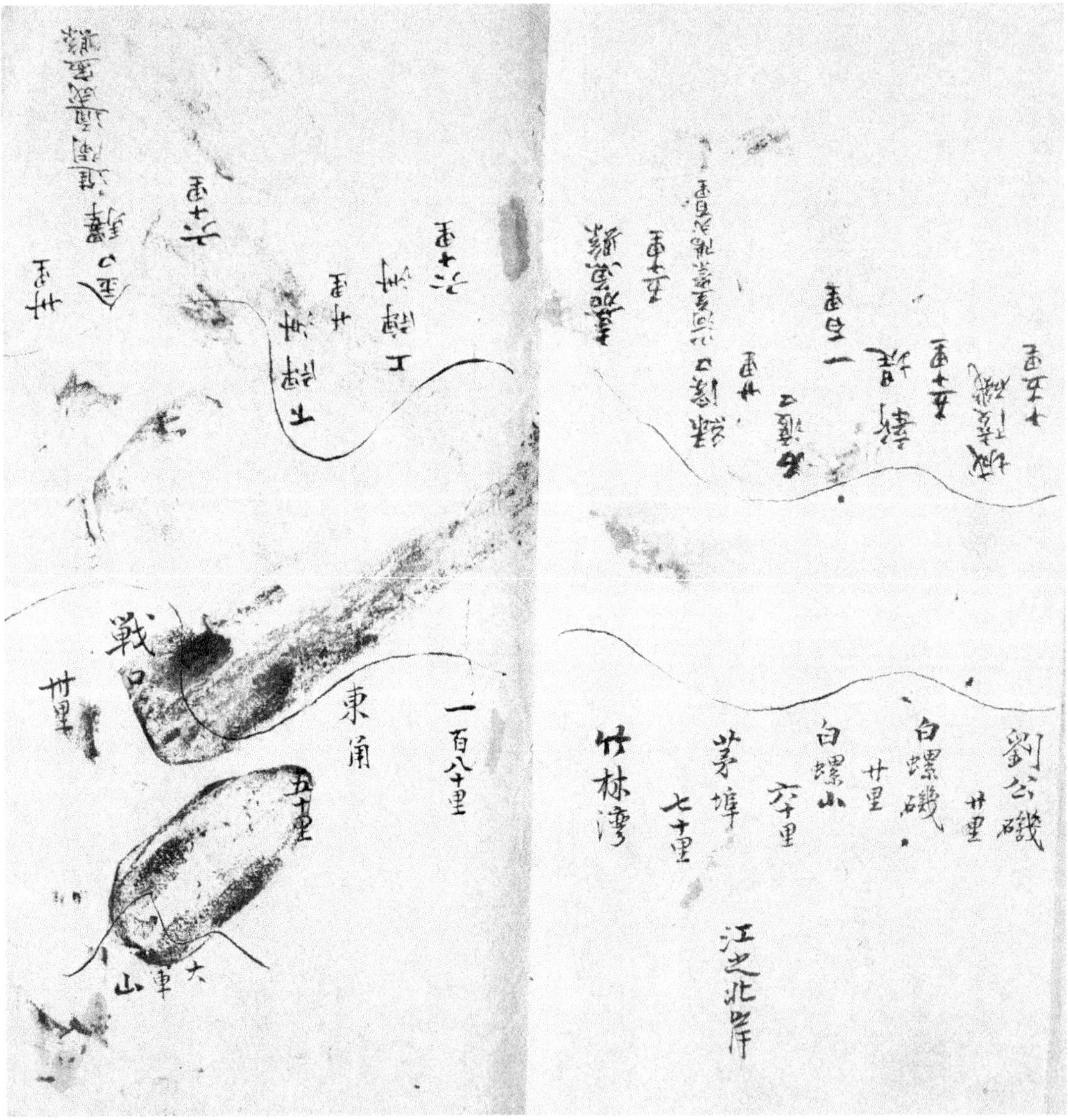
劉公磯
廿里
白螺磯
廿里
白螺山
六十里
茅埠
七十里
竹林灣
江之北岸
一百八十里
東角
戰口
廿里
五十里
大東山

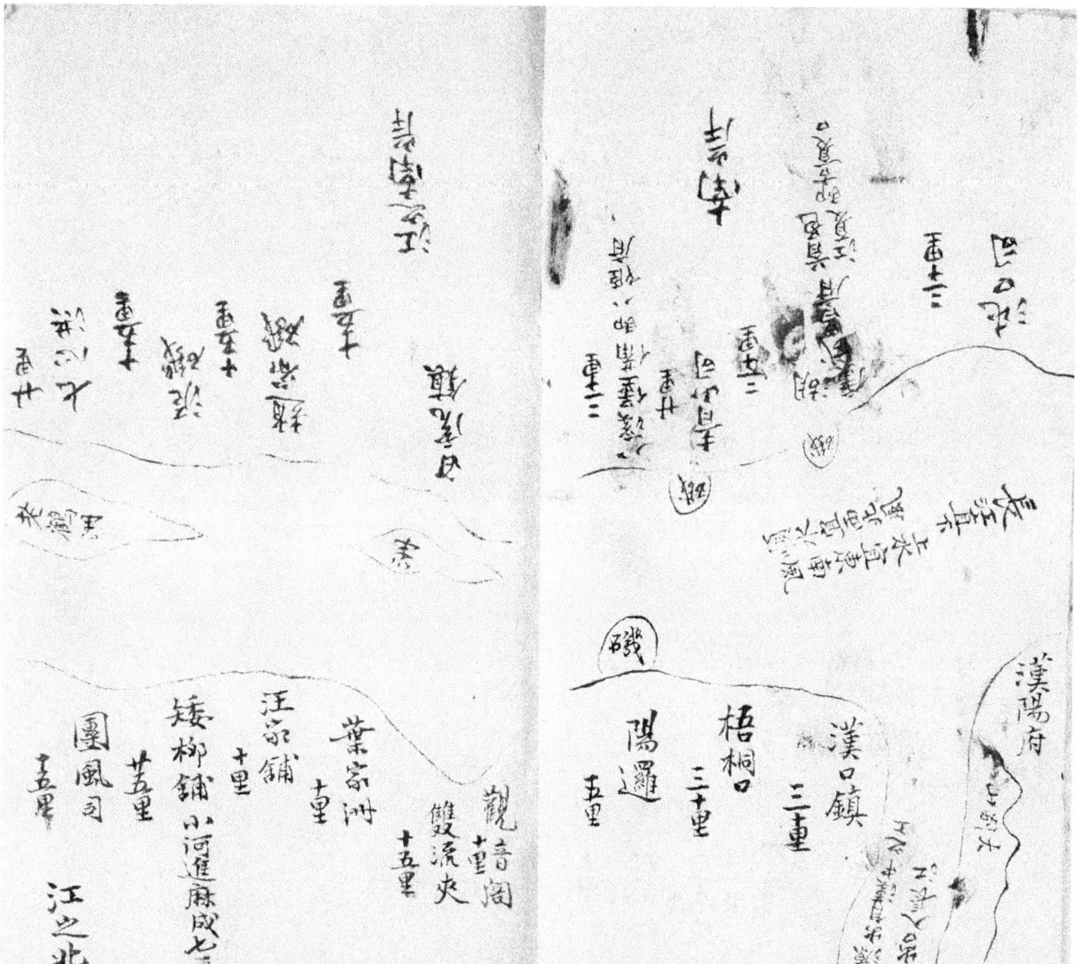
漢陽府
漢口鎮
三里
梧桐口
三十里
陽邏
五里
觀音閣
雙流夾
十五里
葉家洲
汪家鋪
十里
矮柳鋪
團風司
江之北岸

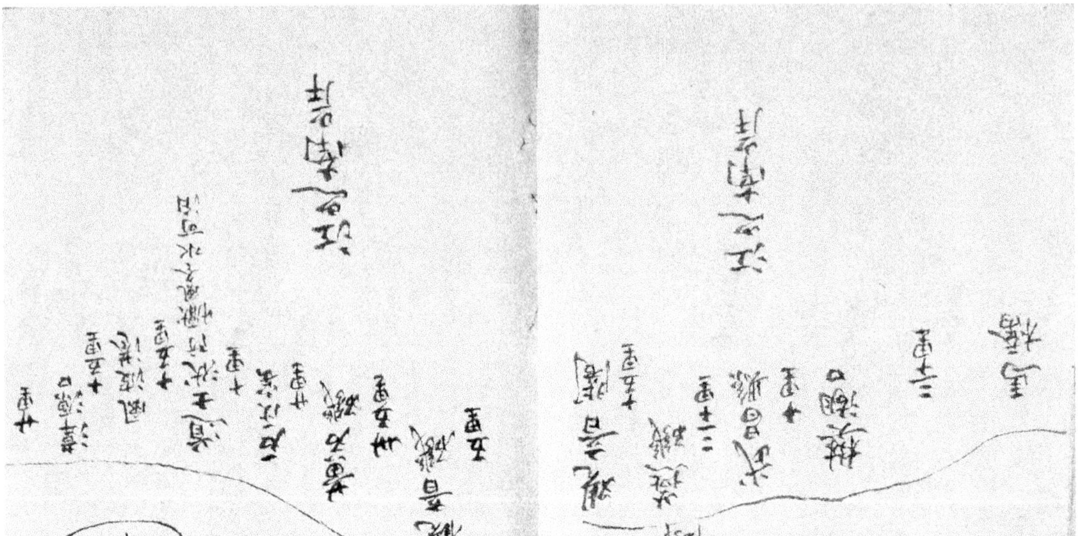
三江口
十五里
十五里塘
十五里
黃州府
首邑黃岡
四十里
巴河
產布油桼麻
三十里
蘭溪
十里
迴風磯
十里
潭家渡
即散花洲
十里
觀音港
老鼠閘
廿里
茅山司
四十里
卦口
九里十三磯
洲
磯

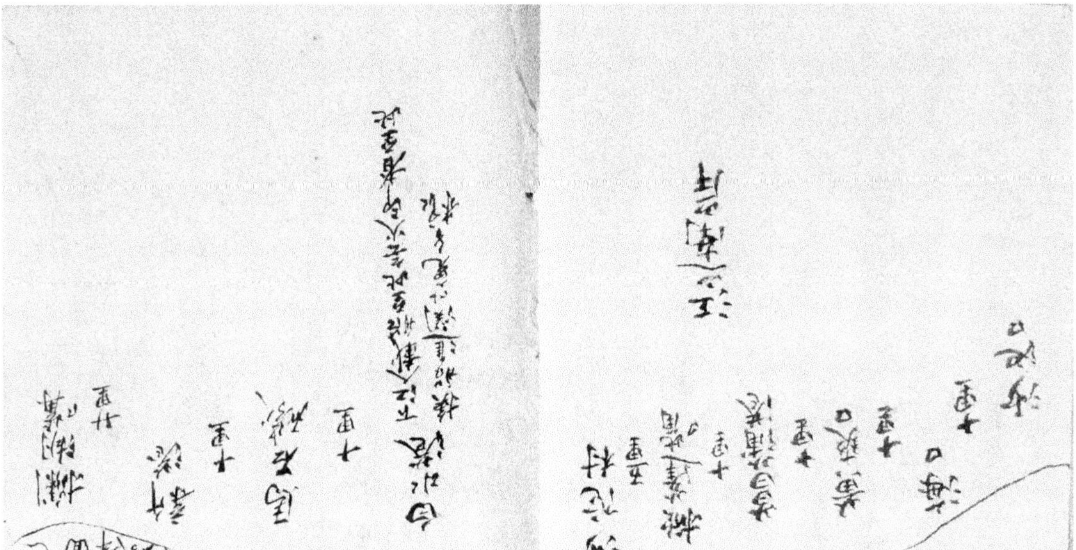

十里
蕲州城
堡子墩 冬水可泊
十里
烏龍港 沿河有乱石 行舟宜慎
馬口
五里
牛肝磯
小池口 湖廣 江南 江西 三省分界處
廿五里
翦腰 冬水可泊
廿五里
掃帚港
五里

路程圖

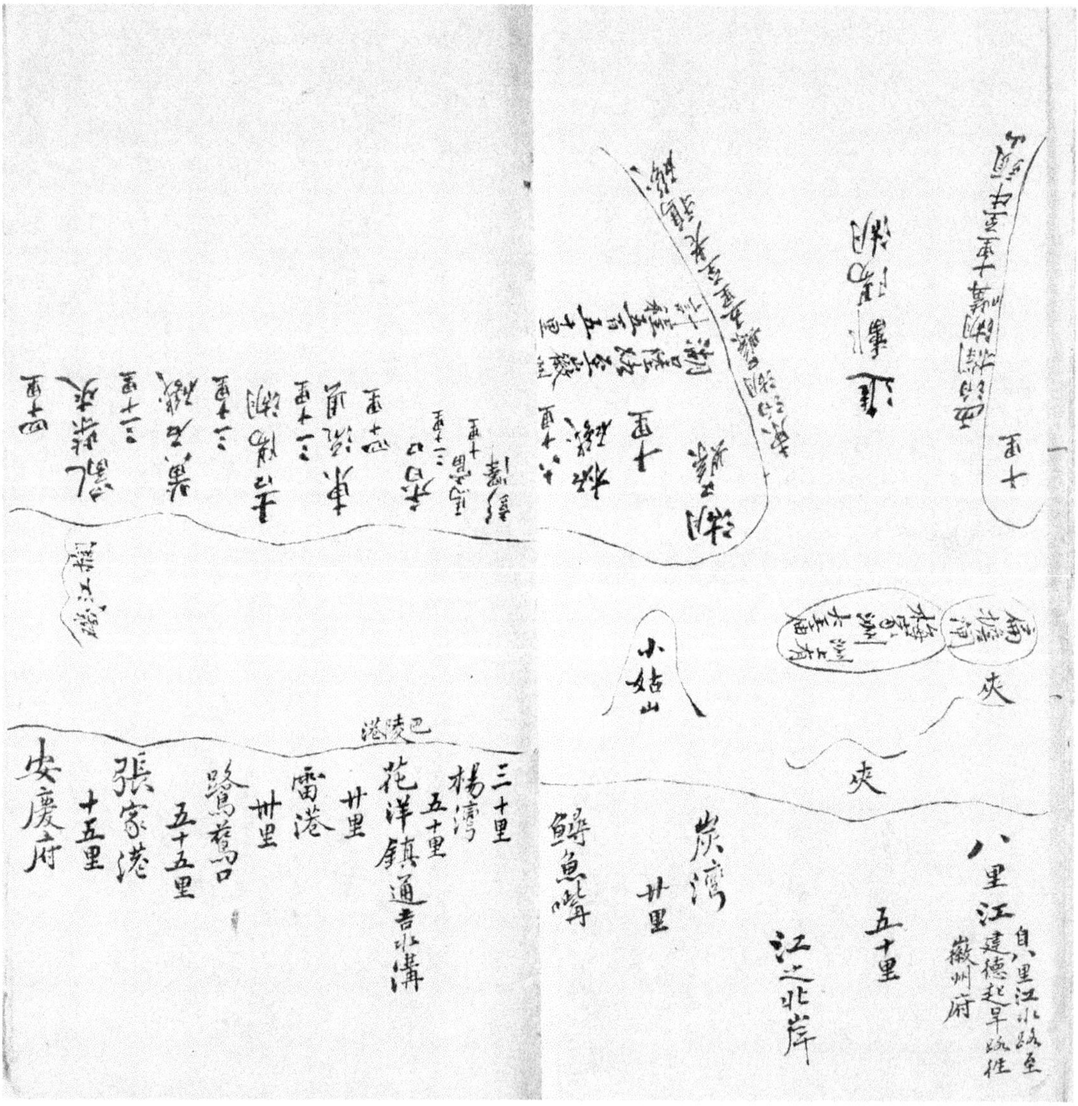
八里江
自八里江水路至建德起旱路往徽州府
五十里
江之北岸
夾
夾
小姑山
炭灣
廿里
鱘魚嘴
巴陵港
三十里
楊灣
五十里
花洋鎮通吉水溝
廿里
雷港
廿里
鷺鷥口
五十五里
張家港
十五里
安慶府

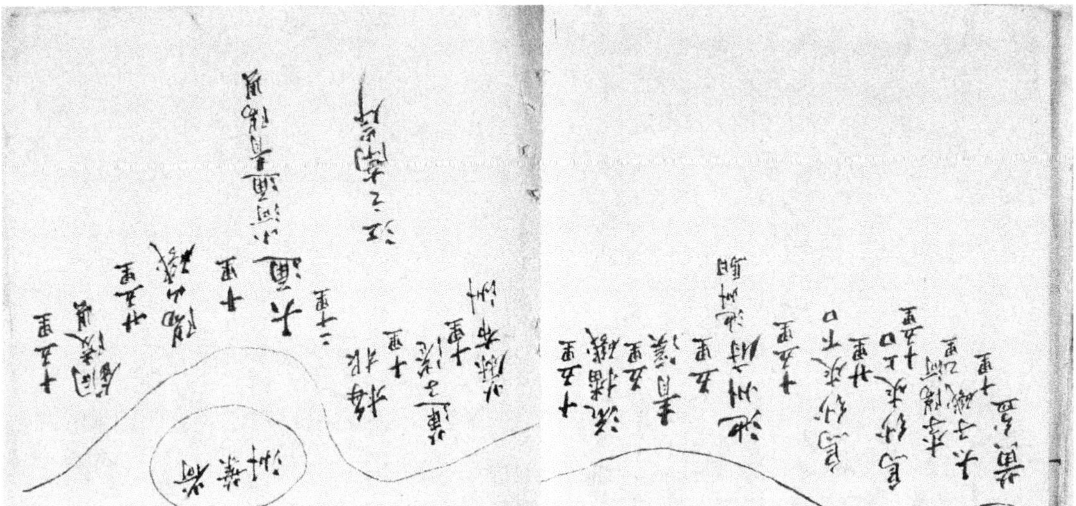

廿里
祝家嘴
十里
長風夾
五里
窯港
十五里
上棕陽
五里
下棕陽
六十里
老龍池
十里
老洲頭
廿里
六百丈
廿里
灰河
廿里
土橋
五十里
鯉魚料
廿里
泥汊
三十里
江之北岸

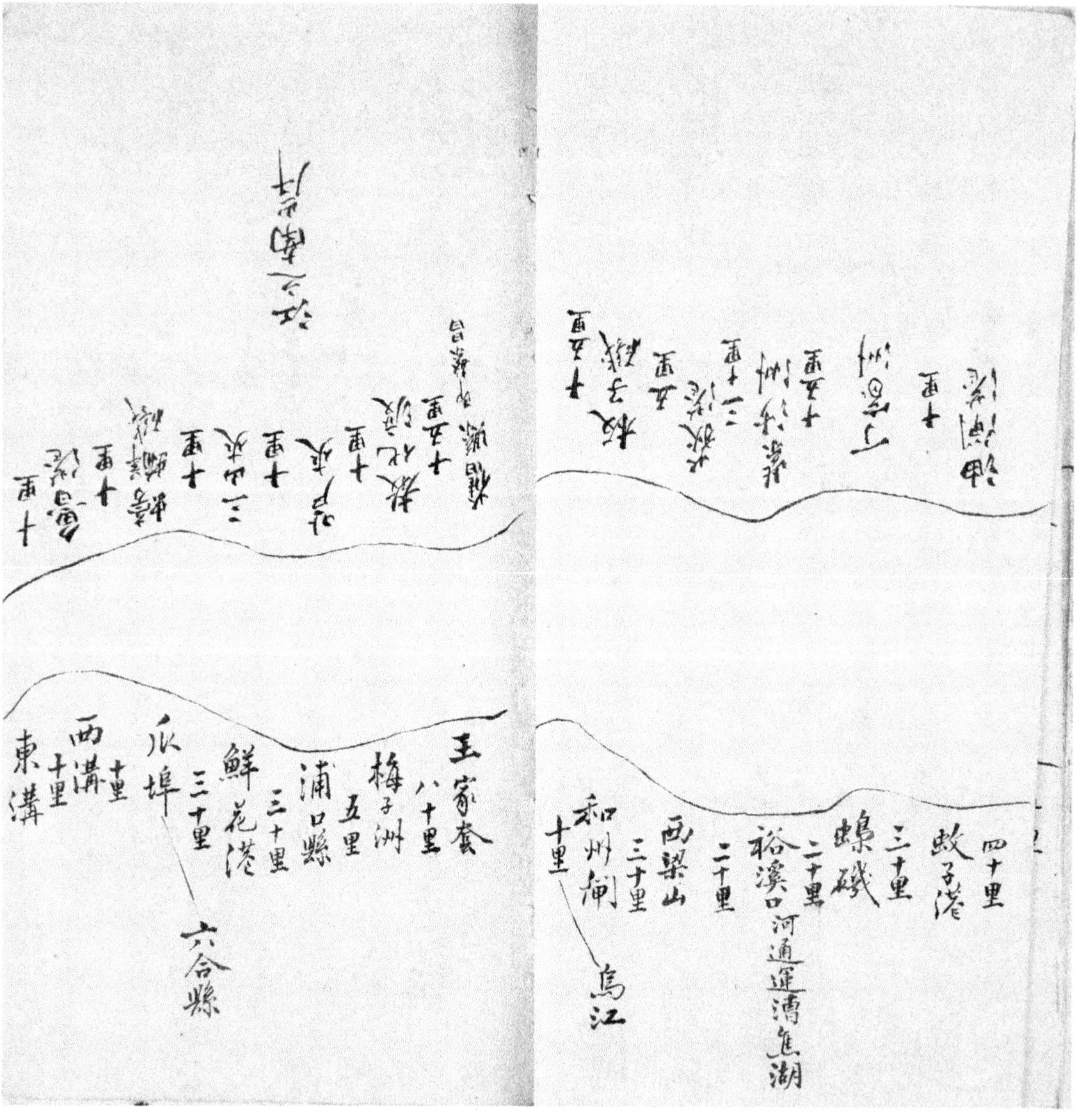
四十里
蚊子港
三十里
蟂磯
二十里
裕溪口
河通運漕焦湖
二十里
西梁山
三十里
和州閘
十里
烏江
王家套
八十里
梅子洲
五里
浦口縣
三十里
鮮花港
三十里
瓜埠
六合縣
十里
西溝
東溝

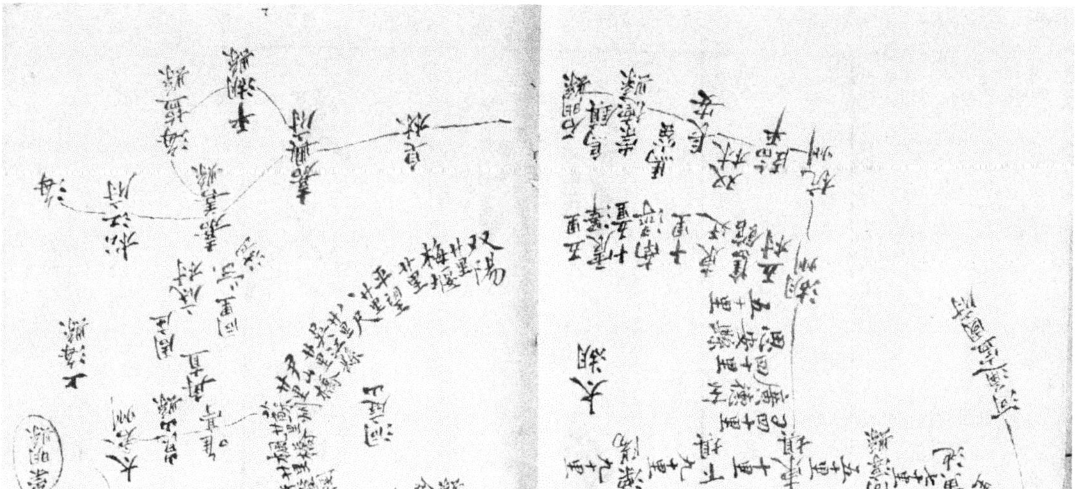
十里
青山
二十里
鄧家窩
十里
儀徵縣
十里
舊港
廿里
轉江嘴
五里
荷葉港
二十里
瓜州
五里
七濠口
揚州府
黃天蕩
金山
焦山
八十里
過船港
靖江縣
通州
海
海

光緒丁丑仲冬之月

湖口往饒州路程

芝進氏署檢

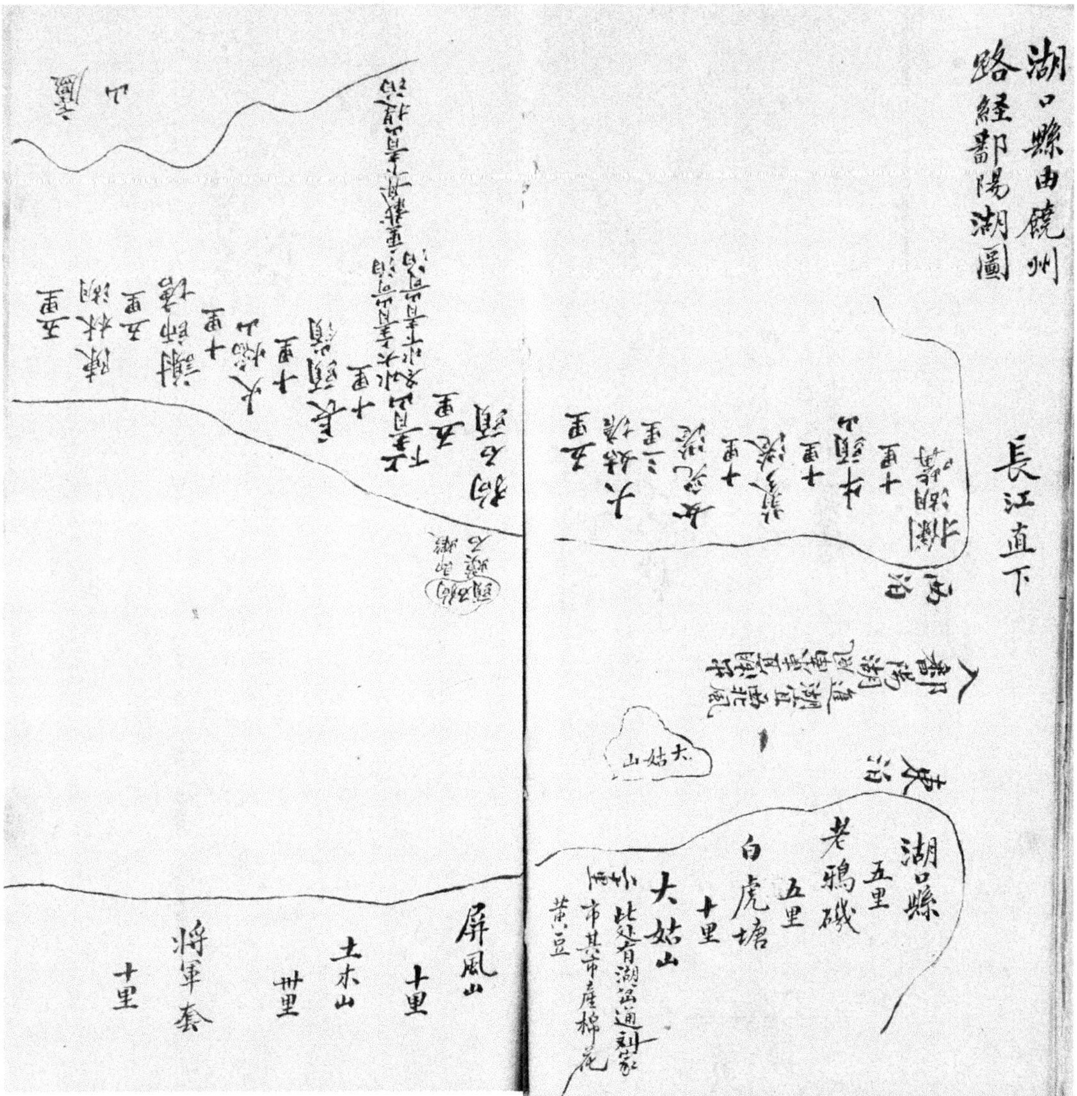

湖口縣由饒州
路經鄱陽湖圖
長江直下
湖口縣
五里
老鴉磯
五里
白虎塘
十里
大姑山
大姑山
屏風山
十里
土木山
卅里
將軍套
十里

左蠡
老爺廟 北風可泊 南風不可
廿里
石頭嘴
十里
都昌縣 水大可行
十里
大明池
廿里
黄金嘴
十里

饒州府水陸路程至徽州府

饒州府十里　磨刀石廿里　坟缶灣廿里　雄雞山十里　古縣渡十八里
鴛鴦嶺十五里　太陽埠十里　灣山二十里　横崗十里　响水灘二十里
鱖魚山三十里　景德鎮廿里　浮梁縣卅里　石鼓廿里　舍埠三十里
乞兒灘十里　桐林寺卅里　倒湖十里　白椛十里　芦溪十里
板石五里　七里灘五里　容口十里　渠頭閘十里　馬欄降十里
菖口十里　坪裏十里　鷄籠灘十里　塔坊五里　石溪灘五里
厚潭十里　昌下十里　祁门縣十里以下陸路　花橋五里　擇墅下五里

金字牌五里 双溪流五里 新設鋪五里 横路頭五里 墩上五里
黄土坑五里 楠木嶺十里 魚亭五里 葛嵛五里 界首五里
洞庭橋五里 岩脚五里 孫竹嶺五里 上田鋪十里 藍渡十里
休寍縣六十里 徽州府

南無佛 南無法 南無僧 怛尺哆 唵 伽囉伐哆 伽囉伐哆

伽訶伐哆 囉伽伐哆 囉伽伐哆 娑訶

又十句觀音經

觀世音 南無佛 与佛有因 與佛有緣 佛法相緣 常樂我淨

朝念觀世音 暮念觀世音 念念觀世音 念念從心起 念念不離心

逐月風暴日期 凡遇箕壁畢軫四宿主有大風 或本日不發必在前三後四日

正月 初九日玉皇暴 十五日上元天官暴 廿日大將軍下降逢太后 是日午後有惡風

廿九日龍神会暴

二月 初七日春期 十七日馬和尚過江暴 十八日達磨渡江暴

十九日觀音暴 廿九日龍神朝上帝暴

三月 初三日真武暴 初七日閻王暴 十五日真君

廿三日天妃暴 廿八日諸神朝上帝暴

四月 初一日白龍暴 初八日太子暴

五月初五日屈原暴　十三日關帝暴　十九日天尊朝上帝暴　申酉時有惡風

廿一日龍母暴　廿三日海神暴

六月十二日彭祖暴　二十日地合之日卯辰時有風　廿四日雷祖誕暴　此暴極猛行舟宜慎

七月初八日神煞交會暴　十五日中元地官暴　廿七日諸神交會見上帝之日午後主有惡風

八月十四日伽藍暴　廿一日神龍大會暴

九月初七日重陽暴　十八日藏惡之日有颶風　廿七日冷風信暴　此暴海人用卜如不發來年必發兩次極準

十月初五日朔風信暴　十五日下元水官暴　二十日歲地東嶽暴　廿五日雪棲暴

十一月廿八日水仙暴　廿七日西嶽朝天暴

十二月初八日臘八暴　廿四日掃塵暴　廿六日天地交合　卯辰有風

靜風神咒

慈悲大願力於河泊神　萬善同一理，理合天心　壬申乙丙辰丁戊已庚辛

壬干支常照護風靜浪自平

此咒語須熟記在心凡遇風誦之免患

又大士咒

長江路程歌

瀟湘九十是長沙
長沙一站到形關
五十湘陽形子口

笙竹營田磊石山
鹿角城臨磯下水
鴨欄茅埠石頭關

嘉魚脾洲金口驛
黃鶴樓前咫尺間
漢口三十到青山

借問陽邏灣石灣
團風把住三江口
遠望黃州對武昌

巴河水繞蘭溪過
道士洑下水茫茫
漳源卦口蘄州驛

馬口富池對鄱陽
武穴龍坪陳子鎮
揚套二口望九江

潯陽樓對小池口
斷腰湖口栝磯塘
鱘魚嘴下金剛參

彭澤縣对小姑山　馬當跳過鷄公嘴　華陽东流兩对江
吉陽对頭黄石磯　安慶城門似鉄籠　[illegible]陽駬对樅陽口
青溪水灌大通磯　銅陵老鼠跳荻港　板子磯下是繁昌
舊縣出口黄磯套　芦蓆夾口望三山　遠望三〻山三個尖
三山正在大江边　好個螃蟹上〻岸　蟂磯狠〻浪裏顛
賴山把住蕪湖口　鐵錨廠裏閙喧〻　一磯二磯四山合
東梁西梁采石澗　望夫人頭磯浪大　和尚港裏出神仙
烈山打錨江寧鎮　大勝關上望南京　上新河口出好酒

中新河在教場边　紫金山兇高又高　草鞋夾裏燒鹽包

燕子磯下迴流水　瓜埠樊山浪裏涛　兩奶尖〻望青山

儀徵河下看鹽船　天寧洲对宜徵口　製鹽所裏鬧喧〻

三汊寶塔尖又尖　高郵邵伯水連天　揚州住在天心裏

瓜洲緊对鎮江邊　鎮江有個金山寺　江流和尚蕩来僧

再到通州三百里　東洋大海浪滔天

饒州府水陸路程至徽州府*

饒州府　十里　磨刀石　廿里　坟虫湾　廿里　雄雞山　十里　古縣渡　十八里

鸳鸯嶺　十五里　太陽埠　十里　湾山　二十里　横崗　十里　响水灘　二十里

鱺魚山　三十里　景德鎮　卅里　浮梁縣　卅里　石鼓　卅里　含埠　三十里

乞兒灘　十里　桐林寺　卅里　倒湖　十里　白桃　十里　芦溪　十里

板石　五里　七里灘　五里　容口　十里　渠頭閘　十里　馬欄降　十里

葛口　十里　坪裏　十里　雞籠灘　十里　塔坊　五里　石溪灘　五里

厚潭　十里　昌下　十里　祁門縣　十里，以下陸路　花橋　五里　擇墅下　五里

金字牌　五里　双溪流　五里　新設舖　五里　横路頭　五里　墩上　五里

黃土坑　五里　楠木嶺　十里　魚　亭　五里　藹崗　五里　界首　五里

洞庭橋　五里　岩脚　五里　孤竹嶺　五里　上田舖　十里　藍渡　十里

休寧縣　六十里　徽州府

*注：以上路程圖與明末徽商黃汴編纂的《天下水陸路程》有所不同，以上所記饒州府至景德鎮行程總二一三里，但天下水陸路程所載水路行程僅一七〇里，詳見下附《饒州府由景德鎮至休寧縣水陸》。推測此路圖為徽商根據個人需要編製，也有可能是時代變遷而造成路程變化。

附：《天下水陸路程》卷八　二三　饒州府由景德鎮至休寧縣水陸

饒州府。水。九十里至獅子山。八十里景德鎮。十八間橋宿。起陸路。十里黃泥頭，十五里湘湖街。十里落田。十五里東流廟。五里鯉魚橋。十里苦喘。婺源界。十里上排前。五里陳坑。十里巴塘岡。五里冲田。五里茅山。十里夾路。十里嚴田。十里船曹嶺。十里長林。十里青化街。二里上河頭。十里花園。十里宅口。十里山坑。十里插關。十里浙嶺脚。八里嶺頂。浙源發于此。五里莊前。十里管頭。十里泥園。十里

荷花橋。十里莫家坑。十里荷村。渡。溪口。五里石口。五里 黃泥塘。十里 三望源。十里 渭橋。十里南渡。十里休寧縣。

長江路程歌

瀟湘九十是長沙，長沙一站到彤關，五十湘陽【陰】形子口，
筀竹營田磊石山，鹿角城臨磯下水，鴨欄茅埠石頭關，
嘉魚脾洲金口驛，黃鶴楼前咫尺间，漢口三十到青山，
借問陽邏灣不灣【泊不泊】，團風把住三江口，遠望黃州對武昌，
巴河水繞蘭溪過，道士洑下水茫茫，漳源卦口蘄【沂】州驛，
馬口富池對鄱陽，武穴龍坪陳子鎮，揚套【陶】二口望九江，
潯陽樓對小池口，断腰湖口柘【枯】磯塘，鰣魚嘴下金剛蓼，
彭澤縣對小姑山，馬當【鐺】跳過雞公嘴，華陽東流兩对江，
吉陽對【抬】頭黃石磯，安慶城門似鐵籬，鑫陽驛對棕陽口，
青溪水灌大通磯，銅陵老鼠跳荻港，板子磯下是繁昌，
舊縣出口糞磯套，芦蓆夾口望三山，遠望三山三個尖，
三山正在大江边，好個螃蠏(蟹)上了岸，螐磯娘娘浪裹顛，
頼山把住蕪湖口，鐵錨廠裹鬧喧喧，一磯二磯四山合【四合山】，
東梁西梁采石關，望夫人頭磯浪大【大浪】，和尚港裹出神仙，
烈山打錨【鐺】江寧鎮，大胜關上望南京，上新河口出好酒，
中新河在教場边，紫金山兒【見】高又高，草鞋夾裹燒盐包，
燕子磯下迴流水，瓜埠樊山浪裹涛，兩奶尖尖望青山，
儀徵河下看盐船，天寧洲對宜【儀】徵口，製盐所裹闹喧喧，
三汊寶塔尖又尖，高郵邵伯水連天，揚州住在天心裹，
瓜州紧对鎮江邊，鎮江有個金山寺，江流和尚蕩來僧，
再到通【排】州三百里，東洋大海浪滔【連】天。

注：此《長江路程歌》與安徽省圖書館所藏的《長江路程歌》略有不同，不同之處已用【 】標出，與原載于《安徽師大學報》1991年第1期，魏金玉撰《介紹一商業書抄本》的《下長江程引》則有多處不同，不僅比《下長江程引》多6句，文字也多有不同。詳見附一、附二。

附一：安徽省圖書館藏《長江路程歌》

瀟湘九十是長沙，長沙一站到彤關，五十湘陰形子口，
筀竹營口磊石山，鹿角城臨磯下水，鴨欄茅埠石頭關，
嘉魚脾州金口驛，黃鶴樓前咫尺間，漢口三十到青山，
借問陽邏泊不泊，團風把住三江口，遠望黃州對武昌，
巴河水繞蘭溪過，道士洑下水茫茫，漳源卦口圻州驛，
馬口富池對鄱陽，武穴龍坪陳子鎮，揚陶二口望九江，
潯陽樓對小池口，斷腰湖口枯磯塘，鮮魚嘴下金剛蓼，
彭澤縣對小姑山，馬鐺跳過雞公嘴，華陽東流兩對江，
吉陽抬頭黃石磯，安慶城門似鐵籬，蠡陽驛對棕陽口，
青溪水灌大通磯，銅陵老鼠跳荻港，板子磯下是繁昌，
舊縣出口糞箕套，葦蓆夾口望三山，遠望三山三個尖，
三山正在大江邊，好個螃蟹上了岸，蝙磯娘娘浪裏顛，
頳山把住蕪湖口，鐵錨廠裏鬧喧喧，一磯二磯四合山，
東梁西梁采石關，望夫人頭磯大浪，和尚港裏出神仙，
烈山打鐺江寧鎮，大胜關上望南京，上新河口出好酒，
中新河在教場邊，紫金山見高又高，草鞋夾裏燒鹽包，
燕子磯下迴流水，瓜埠樊山浪裏涛，兩奶尖尖望青山，
儀徵河下看鹽船，天寧洲對儀徵口，製鹽所裏鬧喧喧，
三汊寶塔尖又尖，高郵邵伯水連天，揚州住在天心裏，
瓜州緊對鎮江邊，鎮江有個金山寺，江流和尚蕩來僧，
再到排州三百里，東洋大海浪連天。

附二:《下長江程引》:

長沙一路到彤關,筀竹榮田磊石山,鹿鎮城陵磯下水,

新堤茅埠石頭關,嘉魚簰州金口驛,黃鶴樓前咫尺間,

武昌三十至青山,借問楊邏灣不灣,團風把住三江口,

遠望黃州對武昌,巴河水掃蘭溪驛,道士洑下水茫茫,

茅山掛口蘄州驛,馬口蟠塘對富池,武穴龍坪陳子鎮,

楊陶二口望九江,斷腰湖口柘磯洲,沙灣彭澤對小姑,

馬當跳過鷄公嘴,華陽鎮下水東流,吉陽抬頭黃石磯,

安慶城門似鐵籬,李陽把住粽陽口,青溪水掃大通磯,

銅陵老鼠跳荻港,板子磯下是繁昌,舊縣出口糞箕套,

蘆席夾裏望三山,遠望三山三個尖,三山正在大江邊,

好個螃蟹上了岸,梟磯娘娘浪里顛,蕪湖有個抽分廠,

報税客商要小心,一磯二磯四合山,東梁西梁采石磯,

望夫山頭馬串山,和尚港里出神仙,烈山帶馬江寧鎮,

大胜關上望南京,上新河口出好酒,中新河在教場邊,

紫金山上高又高,草鞋夾裏燒鹽口,觀音門下回流水,

瓜埠磯山浪里濤,兩奶尖山是青山,儀真河下看鹽船,

天寧把著儀真口,瓜州拱對鎮江邊,鎮江好個金山寺,

天宁把住仪真口,瓜州拱对镇江边,镇江好个金山寺,

江濤和尚淌來僧,再到排州三百里,東洋大海浪滔天。

見魏金玉《介紹一商業書抄本》,原載于《安徽師大學報》(哲學社會科學版)1991年第1期,第49頁。

附　錄

柴碼對照表

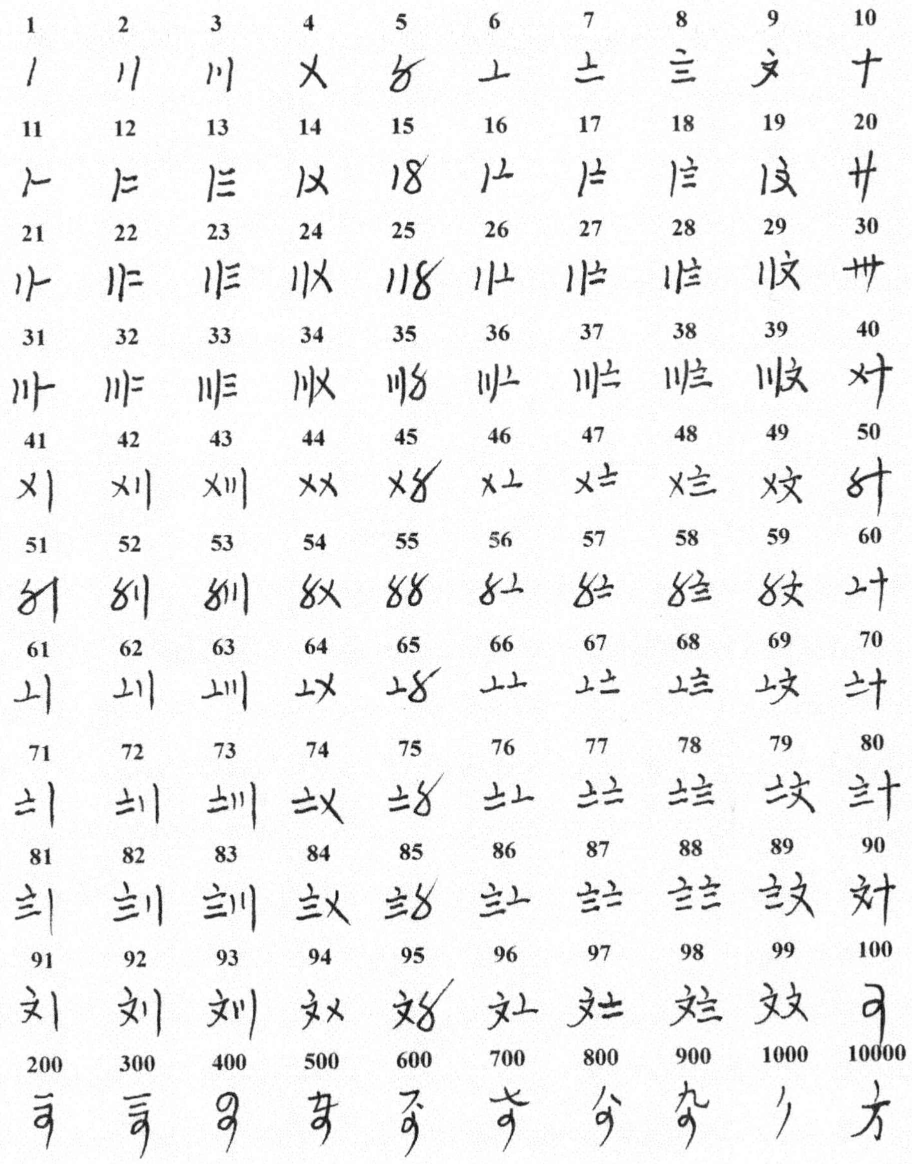
1 2 3 4 5 6 7 8 9 10
11 12 13 14 15 16 17 18 19 20
21 22 23 24 25 26 27 28 29 30
31 32 33 34 35 36 37 38 39 40
41 42 43 44 45 46 47 48 49 50
51 52 53 54 55 56 57 58 59 60
61 62 63 64 65 66 67 68 69 70
71 72 73 74 75 76 77 78 79 80
81 82 83 84 85 86 87 88 89 90
91 92 93 94 95 96 97 98 99 100
200 300 400 500 600 700 800 900 1000 10000

金額和斤两碼

百	千	万	元	角	分	厘	斤	两	钱

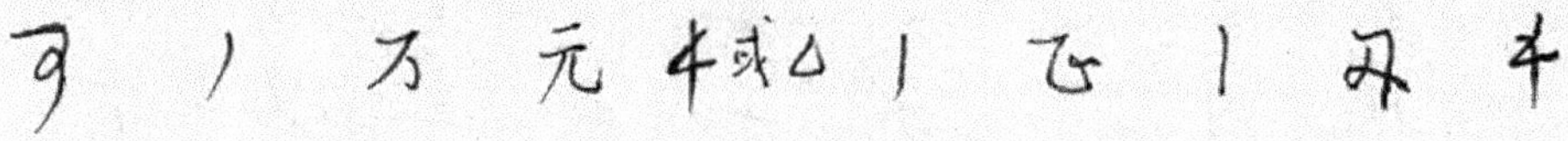

後　記

2007年，我調整崗位進入安徽師範大學圖書館古籍部工作，第一次真正地接觸到徽州文書，并對其産生了濃厚的興趣。作爲一名在圖書資料崗位上工作了數十年之久的從業者，我深知文獻資料對於研究者的重要意義，也深知歷史文獻保護的重要性。畢竟文書所依托的物質載體是有時間壽命的，只有讓其“化身千萬”，才能有效地解決收藏與利用的矛盾，也才能讓庋藏的徽州文書充分發揮其歷史價值和文化價值。於是便萌生了在前賢們初步整理的基礎上，將館藏徽州文書進一步整理、編寫目錄、公開發布的念頭，并有幸得到了時任館領導和歷史与社会學院有關專家的大力支持，於2009年出版了《安徽師範大學館藏徽州文書》一書。雖因才疏學淺，書中不免有謬誤之處，但館藏徽州文書目錄的整理與發布，讓徽學研究者們對安徽師範大學的館藏徽州文書情況有了較清晰的瞭解，也爲研究者們利用館藏資源提供了便利。只緣囿於財力與人力，當時僅發布了部分館藏文書散件。爲讓更多的館藏文書成爲學者研究之“公器”，2014年在校黨委副書記、著名徽學研究專家李琳琦教授的帶領下，編輯出版了《安徽師範大學館藏千年徽州契約文書集萃》，將館藏簿册予以發布。《安徽師範大學館藏清代徽州商業文書選編》則匯輯了館藏與商業有關的、介於簿本與散件之間的小册子予以發布。

徽商是徽州府籍商人或商人集團的總稱，它萌芽于東晋，成長于唐宋，興盛於明清，具有資本雄厚、活動範圍廣、經營項目多、興盛時間長且崇尚文化等特點，是中國歷史上著名的“三大商幫”之一。徽州商業文書範圍廣泛，既包括徽商在經商活動中留下的檔案資料，也包括内容上涉及商業活動的檔案資料，如買賣文約、招承租約、賦役文書、賬本賬册、收租簿等，具有重要的文獻和史料價值。本書所選《道光二十六年歲次丙午盤查道光二十五年總》包括清道光年間歙縣汪左淇所開設的德新、協和、怡和和敬義四個典鋪的盤存賬目，可從中窺見徽州最著名的典當行業的真實情況，也可以從中瞭解大家族分家析産的情況。又如《清宣統元年績溪縣官立東山高等小學堂分類謄清》内容包括教員薪水、雜役工食、膳費附茶爐、圖書器具、刊印并報費、消耗品、雜用、修理等專案，并設有報費細賬、科學圖書社書籍細賬、刊印細賬，是一本較完整的明細賬册。《路程圖》則是徽商爲了打開更爲廣闊的市場，瞭解所經路途的地名和里程而編寫的行商指南類資料。

檔案史料是歷史研究的基礎，徽學研究離不開徽州歷史檔案。通過徽州文書，我們可以復原活色生香、豐富多彩的民間社會生活，窺見歷史的記憶，求證未知的歷史。本人深知水準有限，書中難免會有錯訛之處，懇請方家批評指正。

爲給學者研究提供方便，書中《路程圖》部分將所見不同版本"長江路程歌"匯輯一處，在此對魏金玉先生、安徽省圖書館等人和单位一并致謝。同時，借此機會感謝李琳琦教授、劉道勝教授對我在徽州文書整理和學習過程中的指導和幫助，感謝莊華峰、方青前後兩任館領導和同事張霞雲、張翔、董家魁等同志的支持和幫助，感謝出版社張奇才教授、侯宏堂教授對本書的指導，同時還要真誠地感謝胡志恒同志爲本書編輯，任彤爲本書修圖、編排、造字所付出的辛勤勞動。

周向華

2017年5月2日